Сеппо Марттинен

Выборгская губернская тюрьма
в 1917 - 1918 гг.

массовое убийство 27 - 28 апреля 1918 года

© 2019 Сеппо Марттинен

Издательство: BoD-Books on Demand, Хельсинки, Финляндия

Изготовитель: BoD-Books on Demand, Нордерштедт, Германия

ISBN: 978-952-33-0030-9

Оглавление

6. Расследование

7. Наказание виновных
8. Убитые в губернской тюрьме
9. Похороны
10. Заключение

Приложение

Читателю

Эта книга - рассказ о событиях, которые происходили в губернской тюрьме города Выборга. В книге приведено историческое описание тюрем города, а также история строительства губернской тюрьмы, ставшей в 1910-х годах самой большой на территории Финляндии того времени. Здесь рассказывается также о развернувшейся в тюрьме трагической расправе нас заключенными, которая явилась одним из массовых убийств в стране во время гражданской войны. Без описания этой трагедии и предшествующих ей событий не было бы полного отражения образа Выборга как "города тюрем", который он приобрёл во время становления независимости Финляндии.

События 27 - 28 апреля 1918 года, когда в стенах тюрьмы красногвардейцами были убиты 30 политических заключенных, были широко освещены в местной прессе. Подробное сообщение сводок о расправе можно было прочитать в газетах сразу после событий. Похороны жертв, состоявшиеся 11 мая 1918 года также получили широкое освещение на страницах газет. Массовые убийства незамедлительно были расследованы, а лица, причастные к ним - допрошены. Центральная полиция государственной безопасности продолжала расследования до 1920-х годов.

О событиях 1918 года написано немало. Однако, о событиях в Выборгской губернской тюрьме известно недостаточно. В 1926 году вышла книга Каарло Кастрена Punaisten hirmutyöt vapaussodan aikana – sitä varten, että totuus ei unohtuisi[1], имеющая характер политической пропаганды. События в тюрьме были описаны здесь слишком скупо. В своей книге Кастрен упоминает имя Эмиля Ихалайнена, который, по мнению автора, был одним из главных действующих лиц. В представляемом читателю издании роли Ихалайнена в событиях того времени уделено значительное место.

Х. Й. Бострём, автор выпущенной в 1927 году работы Sankarien muisto[2], описывает события в тюрьме сквозь призму биографий погибших. Наиболее значительным исследованием этих событий, опубликованным после гражданской войны, является книга Poliittiset väkivaltaisuudet Suomessa[3], написанная профессором Яакко Пааволайненом в 1967 году. Пааволайнен пытается выяснить причины кровавых событий. По его мнению, задача вторгшейся в губернскую тюрьму группы красногвардейцев, заключалась в расстреле лишь нескольких заключенных и переводе остальных в центральные казармы. Незапланированные убийства Пааволайнен связывает с тем, что в момент проишествия красногвардейцы были в состоянии алкогольного опьянения. Автор утверждает, что главным среди красногвардейцев был Ялмар Кайпиайнен. Исследования Пааволайнена дополняет работа Яри и Йоуни Ээрола Henkilöstötappiot Suomen sisällissodassa 1918[4], опубликованная в 1998 году, которая также содержит описание массовых убийств. В 1998 году была опубликована книга Марко Тикка и Антти Арпонена Koston kevät. Lappeenrannan teloitukset[5], посвящённая тем же событиям. В ней представлено более подробное описание хода событий, определён состав группы красногвардейцев и освещена их дальнейшая судьба.

---

[1] Прим. пер. Ужасная расправа красногвардейцев во время войны за свободу - за правду, которую нельзя забывать.
[2] Прим. пер. Память героев.
[3] Прим. пер. Политическое насилие в Финляндии в 1918 году.
[4] Прим. пер. О кадровых потерях в гражданской войне в Финляндии в 1918 году.
[5] Прим. пер. Весна мести. Казни в Лаппеенранта.

Последним значительным исследованием событий 1918 года является книга историка Теему Кескисарья Viipuri 1918[6]. Автор рассматривает ситуацию в Выборге в апреле 1918 года и определят значение происшедших событий в губернской тюрьме. Его интересуют мотивы действий финских красногвардейцев. Кескисарья поднимает вопрос об их виновности.

О массовых убийствах в губернской тюрьме Выборга я рассказал в своих предудущих книгах Viipurin lääninvankilan historia[7] и Suomen vankilat 1918 – vankiloiden toiminta v. 1918 sisällissodan aikana[8].

Интерес к трагедии Выборгской тюрьмы, ходу событий, личной истории красногвардейцев, причастных к убийству, мотивам их действий и, в частности, к роли ключевых фигур Ялмара Кайпиайнена, Альбина Писконена и Эмиля Ихалайнена, возвратил меня к работе в архивах, чтобы продолжить уже начатые исследования.

Как бывшему начальнику тюрьмы, мне захотелось больше узнать о работе тюремного персонала и о функционировании самой тюрьмы. Во время моих рабочих поездок в город Выборг - это стало возможным с начала 1990-х годов - мне представилась возможность познакомиться с частично сохранившимися зданиями тюрьмы. Это позволило на месте составить представление о том, что, где и как могло происходить в конце апреля 1918 года. Я не могу оставить без упоминания и то, что я родился в Выборге. Именно это обстоятельство повышает мой интерес к истории города.

В книге я описываю своё представление о причинах трагедии и её участниках.

---

[6] Прим. пер. Выборг 1918.
[7] Прим. пер. История губернской тюрьмы города Выборга.
[8] Прим. пер. Финские тюрьмы 1918 года - работа тюрем в 1918 году во время гражданской войны.

Эта работа частично основывается на уточнённой старой и обнаруженной новой информации о проишествии. В частности это документы допроса Ялмара Кайпиайнена, которые до определенного времени не были полностью доступны, а также воспоминания участников событий Отто Ванхала и Карла Карила. В областном архиве города Турку нашлась фотография Ялмара Кайпиайнена, которая до этого времени не была доступна.

Важным человеком в реализации моих планов по выходу этой книги был магистр политологии Тауно Мякеля, бывший начальник центральной тюрьмы в Коннунсуо, который проделал работу редактора. Он также помог мне в реализации проекта русского перевода. Особую благодарность я выражаю Виктории Кулмале, которая сделала отредактированный перевод на русский язык. Выражаю свою признательность общественной организации Памаус за грант, благодаря которому эта книга была переведена на русский язык.

22 октября 2018 года, город Хямеэнлинна
Сеппо Марттинен

1. Выборгские тюрьмы до 1917 года

1.1. Тюрьма в Выборгском замке

Вполне возможно, что уже с первых дней существования старого Выборгского замка, как, собственно, и в других старых замках в Финляндии, на его территории существовала какая-нибудь тюрьма - место содержания под стражей лиц, совершивших преступления или подвергшихся преследованиям - до тех пор, пока дело не будет расследовано и не будет назначено наказание. Времена были тогда неспокойные, жестокие и кровавые. Хозяева замка были безраздельными властителями территории: они не только защищали замок от врагов, но и зачастую осуществляли правосудие.

В начале "тюремной истории" Выборгского замка цокольный этаж башни Святого Олафа вполне мог бы использоваться как тюремное помещение. На этом этаже находятся два небольших чуланчика с окнами. В одом из них на полу, под деревянным настилом, есть колодец глубиной в семь с половиной метров. Отверстие в полу расширяется к низу до размера небольшой комнаты. Возможно, это помещение использовалось как тюремная камера, в которую арестанта спускали на верёвке.

Может быть, именно эти комнаты и упомянуты в XV веке в законе Кристофера III Баварского как "королевская тюрьма". Их можно считать первым постоянным местом для заключенных в Выборгском замке. В этой тюрьме содержались подследственные, а иногда должники и помилованные от телесных наказаний.

В середине XV века в замке проводились обширные строительные работы.

Замок был укреплен стенами и башнями. В учётных книгах того времени упоминается тюремная башня. Её остатки, расположенные близ нынешнего входа, выглядят как круглый выступ в стене. Дверь башни была обшита нагрудными доспехами 16 всадников. Отверстие люка вело в подземную часть, куда осужденных спускали на верёвке.

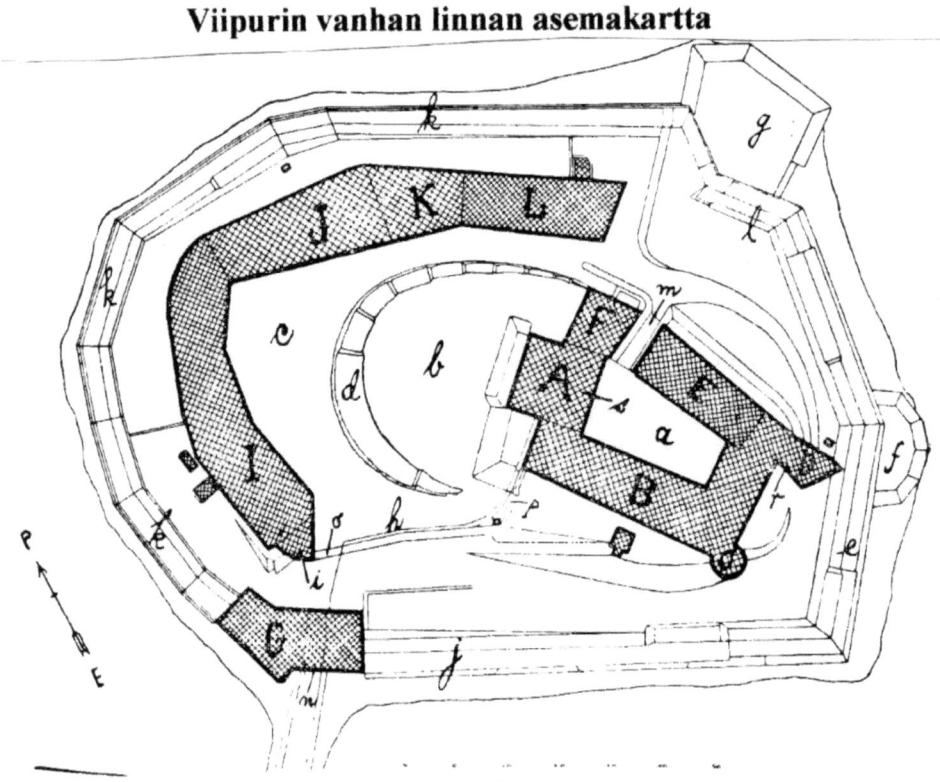

Viipurin vanhan linnan asemakartta

A. Башня святого Олафа B. и E. Другие части главного здания F. Складское помещение G. Ворота I. Складское помещение J. Тюремное помещение K. Складское помещение L. Новое помещение восточной части стены i. Тюремная башня.

В 1634 году после административного деления страны на лены[9] в Выборгском замке начала действовать губернская тюрьма. Она расположилась в ряде каменных зданий, построенных вокруг западной и северной частей замка. Сводчатая арка-туннель, проходившая сквозь всё здание, выходила на береговой вал и оттуда - к берегу, где находилась мостки для полоскания белья. Здесь располагался мост, ведущий на мыс Сийканиеми. Мост, возможно, использовали исключительно для нужд замка; время от времени сюда приходилось привозить питьевую воду. Кроме этого, мост мог понадобиться тюрьме для перевозки заключенных. Здесь не было банного помещения и заключенных приходилось возить мыться в арендованную баню за пределами замка.

После осады и захвата Выборга в 1710 году русскими войсками замок пришёл в упадок. В нём проводили лишь самые необходимые ремонтные работы. Однако тюрьма продолжала функционировать. Точной информации о количестве заключенных в замке в XVIII веке нет. Однако известно, что количество заключенных увеличилось, когда помещение в тюрьму стало основной формой наказания. Несмотря на то, что Выборг был частью Российской империи, в городе долгое время действовал шведский закон 1734 года, согласно которому число тюремных наказаний за различные преступления было резко увеличено. Незначительные преступления наказывались денежными штрафами и телесными наказаниями, а более серьезные лишением свободы и смертной казнью. Тюремное содержание часто сочеталось с телесными и позорящими[10] наказаниями. Одной из форм наказания была высылка из страны.

---

[9]Прим. пер. Лен — единица административно-территориального деления.
[10] Прим. пер. Позорящие (осрамительные) наказания: выставление у позорного столба, клеймение, наложение оков, бритье головы.

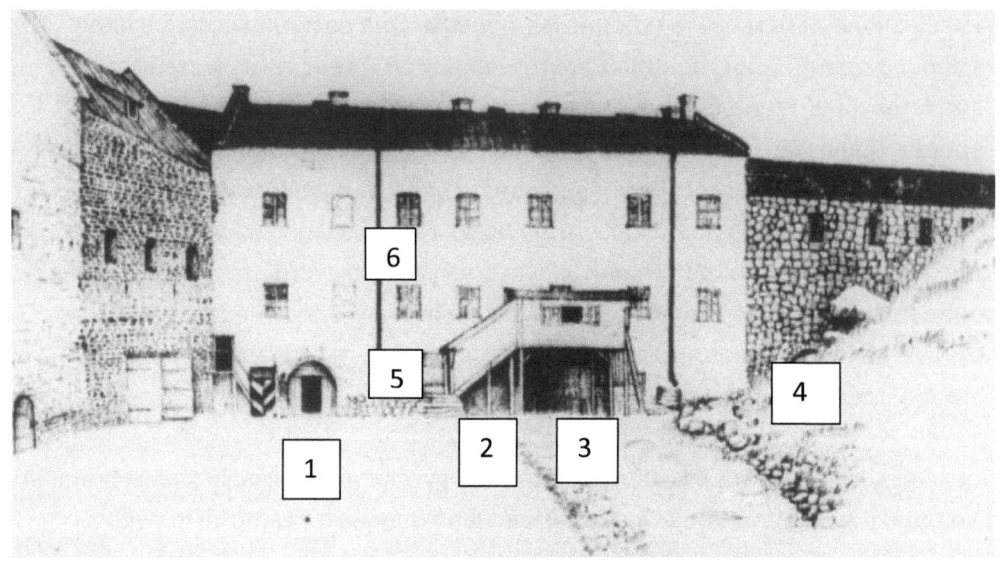

Здание двора Выборгского замка, где в 1872 году находилась тюрьма:

1. Вход в переднюю, за ней находилась канцелярия тюрьмы. Будка охраны.

2. Лестница рядом с будкой охраны вела на второй этаж.

3. Арка ворот, ведущих к берегу. Справа дверь в тюремную кухню и пекарню.

4. Нужники.

5. На 2-ом этаже - жилье смотрителя, а также четыре тюремные камеры.

6. На 3-м этаже - помещение для охранников, которое также использовалось как церковь и небольшая библиотека, а также девять тюремных камер.

Двор замка в 2004 году. Фото: Сеппо Марттинен.

Когда во время войны 1808 - 1809 годов были разорваны связи со Швецией и Финляндия была присоединена к России, российские власти начали реорганизацию финских тюремных служб. В 1809 году Императорскому управленческому Совету Финляндии была предписана задача надзора за тюрьмами. Председателем управленческого Совета был генерал-губернатор, в задачи которого входил контроль за работой тюрем, в том числе посещение их два раза в год. Помощником генерал-губернатора в этом вопросе был обер-прокурор.

Императорский управленческий Совет Финляндии, переименованный в 1816 году в Сенат, выпустил циркуляр, основанный на отчетах губернаторов. В этом документе содержались положения о тюрьмах, больницах и церквах при тюрьмах, а также положения о содержании заключенных и о выполняемых ими тюремных работах. Одновременно с этим циркуляром было издано положение о тюремной охране. Эти распоряжения были одобрены Сенатом в 1818 году.

В начале XIX века в распоряжении Выборгской губернской тюрьмы, находящейся в старом замке, было 14 помещений. Помещения были разделены так, что два из них использовались для нужд тюремной больницы, в двух содержались заключенные "на хлебе и воде", в двух - осужденные за бродяжничество и штрафники, а в остальных восьми помещениях находились подследственные.

В среднем во второй половине XIX века в тюрьме было 120 заключенных и 12 охранников. При необходимости на помощь присылали русских солдат. Начальник тюрьмы - ленсман[11] замка - был единственным чиновником; других служащих в канцелярии не было. Он же проводил как утренние, так и вечерние поверки.

Дисциплинарные правонарушения наказывались розгами или посадкой "на хлеб и воду". Иногда правонарушителей наказывали веригами, минимальное время ношения которых составляло две недели. Вериги не дозволялось

---

[11] Прим. пер. Ленсман - исполнительный полицейский чин, соответствует становому приставу в дореволюционной России.

снимать ни днём, ни ночью.

После утренней поверки начинали работать. Женщины шили новую одежду или чинили старую. Мужчины занимались столярным делом, изготовлением сапог и одежды. В полдень обедали. Питание заключенных было организовано весьма своеобразно. Арестанты получали чеки на определенную сумму. Чеки имели хождение только в тюремном магазине в замке. Там каждый мог купить то, что было доступно и на что хватало чеков. Еду нужно было готовить самим. Согласно сохранившимся сведениям, в тюрьме имелась прачечная, где было расположено три больших котла для кипячения воды. У каждого заключенного была личная палка, на которую привешивали небольшой тряпочный мешок с картошкой и погружали его в воду. Когда картофель был готов, его доставали из котла с помощью той же палки. Иногда арестанты могли купить готовый суп, преимущественно гороховую похлёбку.

1.2. Исправительно-трудовое учреждение в районе Пантсарлахти

В 1831 году наряду с губернской тюрьмой начало свою работу исправительно-трудовое учреждение в районе Выборга Пантсарлахти. На необходимость открытия нового тюремного заведения повлиял рост бродяжничества и мелкого хулиганства, а также увеличение судебных решений, определяющих наказание в виде лишения свободы.

Бродягами считались лица, не имевшие профессии и постоянного места работы. К ним относились совершившие преступления безработные, цыгане, беглые солдаты, люди, пребывающие в местности без соответствующего разрешения, уволенные наемные работники и бродившие по селеньям подмастерья. Эти лица могли быть забраны в исправительно-трудовое учреждение. Кроме того, в соответствии с военным законом, в данное учреждение могли отправить за кражу солдата.

Инициатива по созданию в Выборге исправительно-трудового учреждения исходила от жителей губернии. Идея, вероятно, была заимствована из Швеции, где подобные учреждения создавали на добровольные пожертвования. Денег на устройство исправительно-трудового учреждения в Выборге было собрано к 1819 году более 10 000 рублей. К этой сумме были добавлены деньги, полученные из других фондов и при содействии губернатора К. Й. Валлеена был куплен бывший оспопрививочный дом в районе Выборга Пантсарлахти. Учреждение находилось недалеко от Торговой и Морской школы на улице Малласкату, ведущей к морю. Официально исправительно-трудовое учреждение начало свою работу в 1831 году. Его возглавляло правление, состоящее из десяти человек. Половина из них была представителями мещанского сословия Выборга. В состав персонала входили интендант, смотритель, шесть надзирателей, врач, проповедник и бухгалтер.

В ведении исправительно-трудового учреждения было несколько построек. Жилые и рабочие места были рассчитаны на 60 человек. Кроме этого в учреждении находились помещения для питания, лечения и проведения богослужений. На территории стояли и жилые постройки для персонала.

Помимо земледельческих и разных хозяйственных работ там занимались портняжным, сапожным, кузнечным и каменным ремеслом. Был организован также завод по изготовлению кирпича, который вывозил продукцию на продажу в город Выборг. Сельскохозяйственные работы проводились на территории фермерских хозяйств Уусикартано и Мааскола. На ферме Уусикартано был создан воспитательный дом для 40 девочек и мальчиков.

Находящиеся в учреждении делились на две категории. К первой относились не подвергавшиеся ранее телесным наказаниям, а ко второй - понесшие ранее телесные наказания и те, кто находился в исправительно-трудовом учреждении уже не в первый раз. Все были обязаны носить униформу этого учреждения. Проделанную заключенными работу проверяли и оценивали; каждый должен был зарабатывать столько денег, чтобы покрывать стоимость проживания и обслуживания. Если заработок оказывался больше прожиточной суммы, разницу выдавали заключенному на руки.

Рабочий день начинался с четырёх или с пяти утра - это зависело от категории заключенного. В 8 часов утра проходила утренняя молитва, и в полдень был обед; затем работа возобновлялась до семи часов вечера. После ужина проводили вечернюю молитву. В воскресенье устраивали выходной день, обязательным было только участие в утренней и вечерней молитве.

Деятельность исправительно-трудового работного дома прекратилась в 1882 году. Закрытие было вызвано уменьшением числа бродяг, что обуславливалось изменением юридического понятия бродяжничества. На закрытие учреждения повлиял и тот факт, что заключенные женского пола из прядильного дома в г. Лаппеэнранта были переведены в 1881 году в прядильный дом в г. Хямеэнлинна; мужчин-заключенных стали направлять в г. Лаппеэнранта. Создание и деятельность исправительно-трудовых учреждений дала толчок к началу тюремных реформ, начавшихся в 1820-х годах и полностью реализованных в 1860-х годах.

1.3. Планы по строительству новой губернской тюрьмы

В начале XIX-го века стала актуальной реформа системы наказаний. От приговоров к смерти, назначения телесных наказаний и позорящих наказаний стало заметно стремление к увеличению наказаний путём лишения свободы. Помимо содержания преступников под стражей и требования от них усердной работы целью наказания было перевоспитание заключенных. Согласно прогрессивной системе воспитательной работы с ними, наказание должно было приводить к постепенному исправлению человека. Исполняя тяжелую работу или учась, демонстрируя хорошее поведение, заключенный постепенно перевоспитывался и улучшал свои шансы на существование после освобождения.

Реформу уголовного кодекса обсуждали на сессиях Сейма в 1863 - 1864 годах. Сенат приветствовал это предложение, но было отмечено, что, если предложенные изменения в системе наказаний будут реализованы, наобходимо будет построить новые тюрьмы. Сенат предложил создать комиссию для ознакомления с тюрьмами и разработать план по их реконструкции и стоительству. Комитет под председательством асессора Надворного суда Адольфа Гротенфельта начал свою работу в 1865 году. Члены комитета посетили все финские тюрьмы и дали подробное описание их деятельности и необходимых изменений. Было предложено отремонтировать старые тюремные помещения и построить необходимые дополнительные здания.

Относительно Выборгского замка предложение комитета предусматривало практически полное использование старого строения под тюрьму. По мнению комитета исправительно-трудовое учреждение в Пантсарлахти следовало расширить так, чтобы оно могло принимать 90 заключенных. Предложения комитета не были реализованы, хотя средства на ремонт тюрем были выделены. В 1872 году на сессии Сейма при обсуждении этого вопроса были выделены средства на строительство новых тюрем, но Сеймом было предусмотрено написание общей программы для постепенного осуществления тюремной реформы. Был создан новый комитет, который в 1873 году представил свой доклад.

В этом докладе комитет представил обширную программу по строительству тюремных зданий, в том числе: возведение нового здания для исправительной тюрьмы в г. Турку, постройка нового здания и перепланировка старых тюремных помещений в г. Лаппеэнранта и губернской тюрьмы г. Гельсингфорс[12], строительство новой городской тюрьмы в г. Хельсинки, перепланировка в губернских тюрьмах в городах Куопио и Николайнкаупунки[13], а также постройка новых тюрем в городах Выборг, Оулу, Турку и Хямеэнлинна.

Члены комитета считали строительство Выборгской губернской тюрьмы приоритетной задачей. Комитет определил размер будущей тюрьмы как места заключения на 75 камер. По мнению комитета, в новом кирпичном здании должно было быть размещено пять рабочих и запасных помещений, а также хозяйственное крыло, где предполагалось выделить помещение для больницы и большой зал для проведения учебных и церковных мероприятий. Кроме того, по мнению комитета, необходимо было построить отдельное кирпичное здание для канцелярии, подсобные помещения и тюремную ограду. Предварительная смета расходов составила 293 000

---

[12]Прим. Пер. Гельсингфорс - в настоящее время г. Хельсинки. До 1926 года в русском языке официально использовалось шведское название Гельсингфорс.
[13]Прим. пер. В настоящее время – г. Вааса

финских марок. Первые чертежи здания тюрьмы были сделаны архитектором Людвигом Исаком Линдквистом в 1878 году. [14]

1.4. Строительство новой губернской тюрьмы в районе Папула

Работы по строительству новой губернской тюрьмы были начаты в марте 1881 года. До этого были сделаны необходимые проектировочные работы и выбран участок для строительства. Место в районе Папула выбрали так, чтобы тюрьма была недалеко от центра города: её построили на земельном участке Дунаева № 287. В то же самое время, в 1881 - 1884 годах, к северо-западу от будущей тюрьмы шло строительство деревянных казарм и полигона для Выборгского финского батальона.

Окончательно чертежи здания были выполнены в 1879 году Л. И. Линдквистом, в то время главного архитектора Главного управления общественного строительства. Исследовав принципы международных тюремных построек, он стал автором оригинальной адаптации принципа одиночного заключения в местные условия.

В строительных чертежах уже не было отдельного здания для канцелярии: от него отказались, очевидно, по соображениям экономии, все необходимые для канцелярской бюрократии помещения были размещены непосредственно в здании тюрьмы. Здание имело крестообразную форму,

---

[14] Людвиг Исак Линдквист (3 октября 1827 года, Уусикаарлепюю - 2 февраля 1894 года, Хельсинки) - финский архитектор, главный архитектор Главного управления общественного строительства. По его проектам построены в том числе: городские ратуши, казармы, церкви, народные школы. В 1865 году свершил рабочую поездку по тюрьмам вместе с Гротенфельтом, Эрстрёмом и другими членами комитета.

так что все коридоры шли из его центра. Согласно этому, их назвали южным, восточным, северным и хозяйственным крыльями. Крестообразное устройство здания давало возможность контролировать коридор из центральной части во всех направлениях. Отсутствие глухих перекрытий между этажами позволяло отслеживать движение по коридорам снизу вверх

и наоборот. Исключение было сделано только для восточного крыла, где находилось женское отделение, изолированное от других коридоров тюрьмы.

Строительство самого здания тюрьмы началось с возведения фундамента. Яма для него была глубокой не только из-за запланированного цокольного этажа, но ещё и в связи с особенностями грунта. Кроме этого на этом месте был обнаружен водный источник. Отмеченный на карте как очень большой, водный источник был отведён в цокольное основание и использовался для нужд тюрьмы.

После окончания строительства цокольного этажа летом 1882 года началось возведение следующих этажей; осенью было закончено устройство верхнего этажа и сделана крыша. Отделочные работы были выполнены осенью 1883 года. Вместе со строительством тюремного здания велись работы по постройке жилых домов для персонала. На завершающей стадии строительства вокруг тюрьмы были сделаны ограда и подъездная дорога к северному входу тюрьмы.

1.5. Завершение строительства губернской тюрьмы

Строительство губернской тюрьмы было закончено в конце весны 1884 года. Эти строительные работы стали одной из самых масштабных государственных инвестиций в Выборгскую губернию. Здание самой тюрьмы, одновременно построенные дома начальника тюрьмы и дома для персонала обошлись в 480 000 финских марок. Для сравнения можно отметить, что строительство Выборгской центральной народной школы в 1886 году обошлось в 400 000 финских марок, а возведение в 1891 - 1893 годах Выборгского кафедрального собора обошлось в 449 000 финских марок.

Выборгская губернская тюрьма в 1884 году. Фото: Тюремный музей

Значительные денежные затраты на строительство тюрьмы и новации в исправительно-воспитательной тюремной работе вызывали разные слухи, сплетни, разговоры и даже критические суждения среди жителей города.

Обсуждали не только вопрос о "тюрьме-дворце", но и отмечали - в конструктивном ключе - новые веяния в области тюремной работы.

Материалы о только что построенной тюрьме были хорошо освещены в местных газетах. Шведскоязычная газета Ёстра Нюланд опубликовала 27 февраля 1884 года статью о новой тюрьме: "Мы входим, предварительно

позвонив в звонок, через оформленный со вкусом центральный вход, и сразу попадаем в хозяйственное крыло здания, где слева находится караульное помещение для сторожа, а справа - комната для встреч заключенных с посетителями. Общение их происходит через зарешёченное окошко. Идем дальше и попадаем на кухню и в пекарню. Это помещение оборудовано двумя огромными печами. На кухне два больших кухонных котла, и, естественно, водопровод и канализация. Хозяйственные лифты расположены рядом с кухней и оснащены для связи с другими этажами специальной переговорной трубкой, работающей подобно рупору. В одном из помещений расположен продуктовый склад. Из кухни во двор ведёт черная лестница для доставки дров и других хозяйственных нужд. В цокольном этаже имеются баня, две ванные комнаты и прачечная.

В конце хозяйственного крыла лестница, которая ведёт на второй этаж, где находятся большой светлый зал, тюремная канцелярия, приёмная, больничная палата и ещё ряд помещений. С этого этажа по лестнице можно попасть на третий этаж, где расположены библиотека и простая, но впечатляющая церковь с ризницей. Особенно примечательны две так называемых камеры-скамейки, где за дверьми, отделённые друг от друга, находятся во время богослужения изолированные заключенные.

Мы покидаем хозяйственное крыло, открываем обитую кованым железом дверь с большим замком и попадаем в просторный асфальтированный коридор первого этажа тюрьмы. Второй коридор идёт поперечно, так как здание имеет крестообразную форму. Потолок между этажами отсутствует. Каменная полукруглая лестница ведет на верхние этажи, второй и третий. С этих этажей можно выйти на навесной проход, закрепленный на кронштейнах. Из прохода можно контролировать весь коридор. По обеим сторонам коридора расположены камеры, около шести локтей длиной, в три с половиной локтя шириной и в пять локтей[15] высотой. В каждой камере имеется маленькое, высоко расположенное окно. В камере битумный пол и встроенные в стены вентиляционные каналы. В камерах есть батареи центрального водяного отопления. Переносной нужник имеется в каждой камере, он скрыт от глаз за дверкой, в каморке с вентиляционным отверстием.

Женское отделение из 23 одиночных камер расположено в восточном крыле тюрьмы. Оно отделено от мужской части тюрьмы железной дверью. Отдельные дворы с высокими стенами для ежедневных прогулок заключенных находятся во дворе тюрьмы."

В конце статьи репортёр газеты отмечает:
"На основании того, что было увидено, можно утверждать: все работы были проделаны с особой тщательностью и точностью, и побег из этой тюрьмы не так-то просто устроить. Все камеры крепки и прочны и, как рассказал архитектор, оборудованы предохранительными устройствами, которые нельзя открыть отмычками".

Шведскоязычная газета Виборгсбладет напечатала 14 мая 1884 года следующую заметку:
"Перемещение заключенных в здание новой губернской тюрьмы в районе Папула было произведено вчера утром. Нам сообщили, что под руководством

---

[15] Прим. пер. Локоть — старинная единица измерения длины. Примерно соответствует расстоянию от локтевого сустава до конца вытянутого среднего пальца руки.

начальника тюрьмы и под надзором тюремных надзирателей и солдат в униформе вчера утром заключенные, содержавшиеся до этого времени в старой тюрьме в замке, были переведены в современную тюрьму с одиночными камерами в районе Папула, которая была недавно построена. Благодаря реорганизации тюремной системы здесь устранён прежний недостаток, состоящий в том, что осужденные разных групп - преступники, старые и молодые, помешанные и невиновные несчастные дети - во время тюремного заключения находились все вместе в одном помещении и влияли друг на друга. Теперь все распределены по одиночным камерам. И наверняка можно утверждать, что и все общество, и каждый заключенный, в частности, выиграет при осуществлении этого важного нововведения".

План первого этажа тюрьмы. Всего в здании было четыре этажа. Цокольный этаж: прачечная, сушильная, гладильня, кладовая, раздевалка и баня. Первый этаж изображен на фото. На 2-ом этаже кроме женских и мужских отделений, в западном крыле находились следственные и учебные помещения, больничные палаты и канцелярия. На 3-ем этаже, помимо жилых отделений, в западном крыле - тюремная церковь. Карцеры были размещены на всех трёх этажах в центральной части.

1.6. Законченные в 1884 году на территории губернской тюрьмы постройки, а также строительные работы, проведенные в 1884 - 1914 гг.

Почти одновременно с новым зданием губернской тюрьмы на участке были построены дом для начальника тюрьмы, жилой дом для персонала, необходимые хозяйственные постройки, ледяной погреб и конюшня. Внутри тюремной ограды было завершено строительство кузницы.

Жилой дом начальника тюрьмы представлял собой одноэтажное бревенчатое здание, состоящее из трех комнат, кухни и большой гостиной. Длина здания составляла около 20 метров. Здание расширили в 1910 году.

Жилой дом для работников тюрьмы был трехэтажным: он включал цокольный и два жилых этажа, всего в доме было восемь квартир. Все они были одинакового размера и состояли из комнаты и кухни. Здание было разрушено во время гражданской войны 27 апреля 1918 года.

Кузница была необходима для тюрьмы с самого начала её открытия. Здесь ремонтировали многое из тюремного инвентаря, а также заковывали арестантов в цепи.

Между 1895 и 1896 годами внутри тюремной ограды были построены здания больничного и дезинфекционного бараков. Деревянный забор вокруг тюрьмы заменили на кирпичную стену. В больнице было четыре места для женщин-заключенных и десять мужских коек. Кроме этого в больничном бараке располагались комнаты для персонала, дезинфекционное отделение - для борьбы с насекомыми и поддержания гигиены в больнице и во всей тюрьме.

В 1906 году значительно расширили тюремный корпус. Первоначально в губернской тюрьме было 131 место. Из них в общих камерах могли содержаться 30 человек. Однако число заключенных и подследственных постоянно росло. Изначально планировалось удлинить все три крыла и за счёт этого увеличить количество мест. Однако в 1906 году достроили только южное и северное крылья. На каждом этаже добавилось по десять камер, таким образом вместимость тюрьмы увеличилась благодаря шестидесяти дополнительным камерам. Кроме этого несколько были изменены и другие тюремные помещения, с учётом особенностей тюремного распорядка.

В 1910 году на территории тюрьмы возвели здание мастерских, поскольку заметно увеличилось количество заключенных с предписанием их обязательной занятости. На первом этаже здания находились кузница, склад для запасов кокса и малярный цех со своим складом. На втором этаже были оборудованы столярные мастерские.

В 1914 году завершились работы по расширению восточного крыла здания, которые были запланированы ещё в 1906 году, но по ряду причин не были проведены. Новую часть здания отдали под женское отделение. Одновременно были отремонтированы тюремные дворы для прогулок заключенных.

1.7. Губернская тюрьма Выборга становится самой крупной в Финляндии

После ремонта и достройки восточного крыла в 1914 году количество женских камер в тюрьме увеличилось до 35; мужских камер стало больше на 23. В Выборгской губернской тюрьме было всего: 161 одиночная камера для заключенных мужского пола и 35 - для женского. Общих мужских камер в тюрьме насчитывалось шесть. Количество заключенных постоянно росло, поэтому в одиночных камерах заключенных находилось больше, чем полагалось. По той же причине было увеличено число заключенных в общих камерах. Таким образом, официальное число заключенных уже не соответствовало официальному количеству мест в тюрьме. После ремонта губернская тюрьма г. Выборга стала самой крупной в Финляндии. В конце 1917 года в ней находилось более 400 заключенных, хотя официально значилось всего 259 мест.

Большинство заключенных в губернской тюрьме были подследственными, которых после получения приговора переводили для отбывания наказания в другие места. Штрафники и задержанные за мелкие преступления также содержались в тюрьме. Уголовные заключенные выполняли хозяйственные и обслуживающие работы. Это были люди, чей срок пребывания за решёткой составлял менее года. Среди содержащихся в тюрьме подследственных были разные люди.

Внутренний распорядок дня в тюрьме практически не менялся; если изменения и были, то небольшие. Утро начиналось в 6.30 уборкой камеры, а в 6.45 проходила утренняя молитва. Чаще всего один из надзирателей проводил утреннюю молитву находясь на втором этаже тюрьмы. Акустика была хорошей, и голос надзирателя был в слышен в каждой камере. После молитвы начинался завтрак. Работали с 7.30 утра до 12 пополудни. Заключенные работали либо самостоятельно в камерах, либо в тюремных мастерских, либо занимались хозяйственными делами. С двенадцати до часу дня наступало обеденное время. После обеда продолжали работать до семи вечера, после окончания работ заключенным раздавался ужин. Вечерняя поверка осуществлялась в половину восьмого вечера, и вечернее время отдыха начиналось в девять часов вечера. По воскресным и праздничным дням распорядок был иным. В эти дни тюремный пастор проводил богослужение, и все заключенные обязаны были на нём присутствовать. Родственники могли увидеться с заключенными днём, по воскресеньям, с двух до четырёх.

В тюремном распорядке было прописано много ежедневных поверок. Заключенных считали несколько раз в день, а также часто проверяли камеры.

2. Выборская губернская тюрьма в 1917 году

1917 год был временем перемен. Общественные движения и изменения, начавшиеся уже на рубеже веков, заметно усилились. Они проявились в Финляндии в виде забастовок, беспорядков, а также - с начала 1917 года - в виде усиливающего общественного движения. Народное беспокойство подстёгивала ослабленная дисциплина русских солдат, волнения на улицах и отсутствие общественного порядка. В стране не было надежной армии. Ситуация усугублялась нехваткой продовольствия и высоким уровнем безработицы. Неурожай 1917 года привёл к тому, что количество зерна на продажу сократилось на четверть. Ощущалась сильная нехватка продовольствия. Еда стала для многих слишком дорогостоящей. Осенью бедные слои населения оказались на грани голода.

Разделение общества на классы, вопиющее неравенство людей, безработица, инфляция и нехватка продовольствия способствовали росту революционных настроений в массах. Для многих граждан, поддерживающих революцию, главной целью была борьба с голодом и безработицей.

Социальные, политические и экономические потрясения привели с одной стороны к тому, что всё больше людей оказывалось за решёткой, а с другой к усилению профсоюзного движения персонала тюрем. Тюремный вопрос касался не столько политики русификации в стране, сколько необходимости социальных перемен. В тюрьмах это привело к обострению отношений между тюремными надзирателями и администрацией тюрьмы. Переполненные тюрьмы и тяжелое положение в среде заключенных вызывало голодовки и другие беспорядки.

Этот факт пробудил интерес общества к вопросам содержания заключенных в тюрьмах, привел к желанию улучшить положение в обществе обездоленных, так как заключенные были в основном представителями самых низких слоёв. На сессиях Сейма поднимался вопрос о новой тюремной реформе. Как было отмечено выше социальные волнения получали своё отражение и в стенах тюрьмы. Так, надзиратели активно отстаивали свои интересы, и этим усугубляли конфликт с тюремной администрацией. Противоречия возникали также из-за разного отношения к укреплению позиций российских чиновников. А заключенные совместными усилиям начинали требовать улучшения условий содержания. В 1895 году в Финляндии было основано профсоюзное объединение тюремных надзирателей. На местах, в тюрьмах, повсеместно возникали местные отделения этой организации. Изначально их деятельность не была активной. Движение стало очевидным в связи с социальными изменениями; акцент деятельности делался на выдвижении требований, связанных с условиями труда.

Тюремные чиновники рассматривали эти явления как призрак революционного духа. Заметны стали изменения в составе заключенных. По мере усиления русификации в тюрьмах появились заключенные, осужденные за политические преступления. Забастовки и другие формы коллективной борьбы были им хорошо знакомы. Эти заключенные были легки на подъем, когда дело касалось критики условий жизни и условий содержания в тюремном заключении. Им сочувствовали широкие народные массы. После освобождения бывшие заключенные публиковали в журналах статьи о своем тюремном опыте и жестко критиковали существующую тюремную систему.

В частности, мартовская и ноябрьская революции в России в 1917 году оказали незамедлительное влияние на обстановку в Финляндии и, в частности, на работу тюремных служб. Это стало особенно заметно в городе Турку, где русские моряки 17 марта выпустили из городской и губернской тюрем в общей сложности 39 заключенных и, в то же время, разоружили некоторых надзирателей. В ноябре финские красногвардейцы[16] освободили из губернской тюрьмы в г. Гельсингфорс 20 заключенных, а русские солдаты - около 60 заключенных из рабочей тюрьмы города Лаппеэнранта и, кроме этого, уничтожили имущество тюрьмы. В губернской тюрьме г. Миккели

---

[16] Прим. пер. Красногвардейцы - члены Красной гвардии, вооружённых формирований левых сил и коммунистов Финляндии в гражданской войне 1918.

группа красногвардейцев из ста человек взяла в заложники начальника тюрьмы и потребовала освобождения заключенных. Начальник тюрьмы вынужден был согласиться на это, а также покинуть рабочее место. В губернской тюрьме г. Куопио сотрудники отказались работать под руководством начальника тюрьмы, и тот оставил своё рабочее место. Самый серьезный инцидент произошел в запасной тюрьме Киттиля, где в ноябре 1917 года финские красногвардейцы убили тюремного начальника, коронного фохта [17] Акселя Сандстрёма в ноябре 1917.

После мартовской революции 1917 года государственный советник Николай Стромилов вынужденно ушёл в отставку с поста главного начальника тюремного департамента. Его заменил социал-демократ Вяйнё Хаккила, представлявший умеренное крыло партии.

В марте 1917 года обстановка в Выборге стала чрезвычайно неспокойной и напряженной. Выборгские казармы были заполнены русскими солдатами. Сообщения, приходящие из столицы и других городов империи, возбуждали солдат, что, в свою очередь, влияло на их дисциплину. 17 марта группа русских солдат и гражданских лиц проникла в губернскую тюрьму. Зачинщик и главарь группы объявил, что сам сидел в тюрьме и потребовал освобождения всех заключенных, осужденных по "неправильным законам". Исполняющий обязанности начальника тюрьмы Гелле Генрик Русама под дулом пистолета был вынужден составить список всех политичских заключенных. Ему помогала его жена Мария, которая работала в тюремной канцелярии и была знакома с документами. Однако солдаты не были удовлетворены освобождением лишь политических заключенных - они выпустили из тюрьмы практически всех заключенных, числом 366, оставив в ней только двух австрийских военнопленных и двух помешанных. Солдаты повыбивали двери камер, присвоили и уничтожили как тюремное

---

[17] Прим. пер. Пост коронного фохта соответствовал должности исправника в России.

имущество, так и то, что принадлежало заключенным. Однако почти все заключенные сами вернулись в тюрьму.

Исполняющий обязанности начальника губернской тюрьмы Гелле Генрик Русама. Находился в тюрьме во время гражданской войны, но не разделил судьбу начальника тюрьмы Строльмана и шести других сотрудников. Фото: из коллекции Юкки Муилув

Русама рассказал об этих событиях в газете тюремной службы Ванкейнхойтолехти в 1921 году. У него не было никаких сомнений в том, что революционно-настроенные массы Выборга первым делом направятся в тюрьму - ведь было должно следовать примеру петербуржских товарищей. Он получил предупреждение от начальника полиции города Выборга о возможной попытке освобождения политических заключенных. Русама подготовился к приходу толпы, составив вместе со своей женой Марией списки политических заключённых, освобождение которых, по мнению Русама, будет основной целью пришедших.

Кинет начальника тюрьмы. Фото: из коллекции Юхи Ланкинена.

Тюремная канцелярия. Фото: из коллекции Юхи Ланкинена.

События развивались следующим образом. Русама вместе со своей женой находился в здании тюрьмы ночью 17 марта 1917 года, когда группа русских солдат - в группе было несколько гражданских - собралась у ворот. Толпа потребовала пропустить их на территорию тюрьмы, угрожая сломать ворота, если если их не откроют. Ворота были открыты, и толпа хлынула во двор, требуя освобождения заключенных. Русама пытался договориться с главарём

с помощью переводчика. Он предложил выпустить только политических заключенных и был категорически против освобождения других. Русама настаивал, что среди остальных заключенных могли были убийцы, которые не имели никакого отношения к свержению царской власти и революции

У Русама сложилось впечатление, что стороны переговоров остановились на освобождении лишь политических заключенных. Поэтому подготовку их документов продолжили. В тюрьму вызвали заместителя начальника и двух тюремных вахтмистров. Список заключенных, подлежащих освобождению, был составлен только к утру. Это означало, что всё было готово к освобождению политических заключенных. Начальник тюрьмы предложил солдатам, чтобы только тюремные надзиратели, знавшие расположение камер заключенных, открывали двери по порядку для отмеченных в списке. Согласия по этому вопросу не было достигнуто. Солдаты настояли, чтобы шесть солдат помогали надзирателям освобождать заключенных. Однако когда железные двери, ведущие к тюремным камерам, были отперты, сдержать толпу оказалось невозможным. Это вызвало ужасный беспорядок. Заключенные в камерах начали возмущаться, когда обнаружили, что двери их камер не были открыты. Те из них, кто умел говорить по-русски, максимально использовали языковые навыки, для сообщения солдатам, что они невиновны, являясь политическими заключенными. Все это в конечном счёте привело к тому, что многие камеры были открыты, некоторые двери - сломаны, а заключенные отправились на поиски своей гражданской одежды на склад в цокольный этаж.

Приемное помещение губернской тюрьмы.

Первыми на склад пришли политические заключенные, поэтому тюремному вахмистру и надзирателям удавалось поддерживать порядок. Беспорядки начались тогда, когда там появились солдаты. Начался грабёж котомок с одеждой заключенных. По мере того, как освобожденные получали гражданскую одежду - либо свою, либо украденную чужую, они требовали затем свои деньги, оставленные на время пребывания в тюрьме в тюремном сейфе. У начальника тюрьмы не было ключа от сейфа, но позже ключ привезли. Тем временем в канцелярии были открыты шкафы с документами, последние были выброшены на пол. Везде царил беспорядок, но несмотря на это деньги были возвращены заключенным.

После этого большая часть солдат покинула тюрьму. Осталась лишь шайка из десяти русских солдат и нескольких только что освобожденных заключенных - для грабежа тюремной собственности. Когда рассвело, исполняющий

обязанности начальника тюрьмы Русама и его жена покинули тюрьму. "Ночь ужаса", по выражению Русама, закончилась.

Канцелярия губернской тюрьмы после ухода русских солдат 17 марта 1917 года. Фото: из коллекции Юкки Муилувуори.

3. Гражданская война 1918 года и тюрьмы

3.1. Начало гражданской войны

В знак захвата власти и начала гражданской войны в Финляндии 27 января 1918 года на башне Рабочего дома в г. Гельсингфорс зажгли окрашенный в красный цвет фонарь. Это означало, что финские красногвардейцы заняли основные стратегические объекты города.

Можно обоснованно предположить, что фактически гражданская война началась раньше: в Выборге - уже в субботу, 19 января, с момента стычки на мебельной фабрике Пиетинена. События здесь начались со слухов, что на фабрике Пиетинена находится склад оружия. Слухи дошли до красногвардейцев, и их было решено проверить. Бойцы Красной гвардии под руководством слесаря Августа Андерссона отправились на завод, где их встретила группа белофиннов[18] во главе с егерем Калле Мата. На территории фабрики, на ведущей на второй этаж лестнице, Мата выстрелил Андерссону в голову и убил его. Началась перестрелка. На помощь красногвардейцам пришли русские солдаты. Белофинны были осаждены, но им, несмотря на понесённые потери, удалось силой прорвать осаду.

Сама по себе стычка на фабрике Пиетинена не была большим событием. Однако на фоне нарастающих волнений в обществе она привела к новым кровопролитиям и вооруженным столкновениям в Выборге. Напряженность

---

[18] Прим. пер. Белофинны - участники гражданской войны в Финляндии на стороне правительства и антикоммунистических сил.

между белыми и красными неизбежно нарастала. Газеты сообщали о новостях кричащими заголовками. Событие на фабрике Пиетинена как знак начала гражданской войны оказалось значимым преимущественно в психологическом аспекте. Небольшое, но явное, вооруженное противостояние между двумя сторонами полностью соответствует признакам начала гражданской войны.

Полномасштабная гражданская война началась 27 января, когда Финская Красная гвардия создала новое правительство - Совет народных уполномоченных Финляндии. Город Гельсингфорс стал столицей красной Финляндии. Красные контролировали территории Южной Финляндии, а белые - территории Центральной и Северной Финляндии. Город Вааса стал столицей и административным центром белофиннов.

3.2. Тюрьмы во время гражданской войны

На территории, контролируемой красными, было 8 тюрем, а на территории белых - 7. Под контролем красных находились: по две тюрьмы в г. Турку, г. Гельсингфорс и г. Хямеэнлинна, работная тюрьма в г. Лаппеэнранта, а также губернская тюрьма в г. Выборг.

Поскольку продолжение работы главного тюремного управления в г. Гельсингфорс не представлялось возможным, Сенат основал 14 марта 1918 года временное тюремное управление, которое отвечало за работу тюрем, находящихся на контролируемых белыми территориях. На должность исполняющего обязанности управления в тот же день был выбран начальник губернской тюрьмы г. Куопио Теодор Вальдемар Руотзи. Временное тюремное управление проработало до конца гражданской войны.

3.3. Реорганизация тюремного управления на контролируемых красными территориях

Красные создали новую государственную власть путем реорганизации старых государственных органов. Верховный совет рабочих Финляндии стал эквивалентом Сейма. Совет народных уполномоченных Финляндии начал свою деятельность 28 января 1918 года. Он был поделен на 11 департаментов, которые соответствовали бывшим министерствам. Руководители департаментов именовались уполномоченными. Антти Кивиранта и Лаури Летонмяки были назначены в департамент юстиции, которому надлежало руководить тюремной службой. Кивиранта отвечал за работу тюремных служб, а в задачи Летонмяки входила подготовка законопроектов и судебное делопроизводство.

В этой "новой красной" организации бывшему главному тюремному управлению соответствовал главный тюремный совет во главе с главным комиссаром. На эту должность был выбран надзиратель губернской тюрьмы г. Гельсингфорс Феликс Ахти.[19] Но бывший главный начальник главного тюремного управления Вяйнё Хаккила[20] отказался покинуть свой пост и уйти в

отставку. Он продолжил службу, что, конечно, затрудняло работу новоизбранного главного комиссара Ахти.

---

[19]Феликс Ахти был председателем профсоюзной организации надзирателей губернской тюрьмы в г. Гельсингфорс. Перед его назначением на пост главного комиссара он связался с членами организованного белофиннами комитета по безопасности г. Гельсингфорс для того, чтобы узнать их мнение по поводу его назначения на этот пост и стоит ли ему этот пост занять. Ему дали разрешение, но поставили определенные условия. (Osmo Rinta-Tassi 1986, s. 176)

[20]Вяйнё Хаккила - главный начальник тюремного управления с 18 апреля 1917 года до весны 1918 года. Был членом социал-демократической партии.

4 февраля 1918 года уполномоченный Антти Кивиранта издал приказ о реформах в организации тюремной работы на территориях, контролируемых красной властью. Согласно этому приказу, персонал каждой тюрьмы - для решения организационных вопросов - должен был выбрать местный тюремный совет, состоящий из работников тюрьмы и контролирующий её работу. В совет должны были быть избраны председатель и как минимум два члена совета. Должность начальника тюрьмы исполнял комиссар. Персонал тюрьмы вносил свои предложения по кандидатуре нового комиссара тюрьмы, а также его заместителя, но окончательное решение оставалось за департаментом юстиции. Обязанности нового комиссара и тюремного совета соответствовали обязанностям бывших начальников тюрем и тюремных правлений.

В тюрьмах, действующих на контролируемых красными территориях, ситуация в начале гражданской войны была довольно беспорядочной. Некоторые сотрудники тюрем поддерживали революцию и были готовы активно работать на её благо; часть сотрудников была настроена против, а большинство относилось к событиям пассивно. Сотрудники тюрем не были заинтересованы в революции, а некоторые даже полагали, что тюрем революция не коснётся. Налицо было явное колебание в вопросе примыкания к революционному движению. В ряде тюрем выбор комиссаров и тюремных советов вызвал затруднения. Выбранные на должности отказывались, назначения откладывались, а кроме этого разногласия между самими тюремными работниками замедляли проведение выборов комиссаров и тюремных советов. Одной из причин этих разногласий могло быть и то, что главный начальник тюремного управления Вяйнё Хаккила остался на своём рабочем месте. В некоторых тюрьмах красные повстанцы вели переговоры и консультировались с представителями старых администраций тюрем.

Однако ситуация была такова, что у руководителей тюрем и правлений не было иного выбора, кроме как передать власть красным повстанцам. В противном случае смена власти, вероятно, была бы осуществлена с применением силы. В некоторых тюрьмах смена власти произошла довольно конструктивно. На заседании тюремного правления председатель правления зачитывал решение персонала о смене власти. Правление проводило заседание и выносило решение о самоотводе, так как продолжение работы правления в сложившейся ситуации было невозможно. Решение фиксировалось в протоколе собрания, и его доводили до сведения тюремного комиссара. В некоторых тюрьмах начальник и правление просто покидали тюремное учреждение, оценивая свои действия как забастовку. Были тюрьмы, где во время смены власти начальника тюрьмы и членов правления арестовывали и заключали под стражу. Бывали случаи, что старое руководство продолжало работу до марта. Правда, работа в этих тюрьмах была преимущественно формальной. В тюрьмах продолжила работу часть тюремного руководства, почти все надзиратели, а также некоторые тюремные священники и учителя. То, что именно надзиратели не оставили своих постов, позволило обеспечить нормальную работу тюрем.

Тюрьмы, оказавшиеся на территориях, контролируемых красными, столкнулись с новой для них ситуацией. Некоторые справились с ней лучше, некоторые - хуже. Часть тюрем функционировала до конца войны как независимые учреждения, выполняющие свои непосредственные задачи, хотя положение кое-где, особенно на последних этапах войны, было неспокойным. Задача народных уполномоченных заключалась в обеспечении работы тюрем в соответствии с действующими законами и указами, а также с правилами новой администрации. На заключительных

этапах войны ситуация в тюрьмах, особенно в отношении работы начальственного звена, становилась крайне беспорядочной. О плачевном положении дел свидетельствует тот факт, что в конце войны из некоторых тюрем были освобождены почти все заключенные. Это произошло, по крайней мере, в рабочей тюрьме г. Лаппеэнранта, в двух тюрьмах г. Хямеэнлинна и в губернской тюрьме г. Выборга.

Внутренний распорядок тюремной работы удавалось сохранить, и с заключенными обращались большей частью корректно. Сотрудники не участвовали в убийствах и истязаниях заключенных. Трагедия, произошедшая в Выборгской губернской тюрьме, где погибло 30 человек, некоторые из которых были работниками тюрьмы, случилась по причине вторжения на тюремную территорию красногвардейцев. В г. Лаппеэнранта группа заключенных насильственным образом была вывезена красными на берег близлежащего озера и расстреляна там. В обоих случаях тюремный персонал не смог предотвратить события. Вопиющими акциями был и арест и тюремное заключение бывшего руководства тюрем, а также отставка некоторых должностных лиц и целых тюремных правлений.

Тюрьмы, оставшиеся во время событий гражданской войны на территориях, контролируемых законным правительственным Сенатом, продолжали свою деятельность в более или менее нормальных, устоявшихся условиях, насколько это было в условиях войны возможно. Внутренний тюремный распорядок был сохранен, заключенных принимали и освобождали только в соответствии с законами и указами. Питание и медицинское обслуживание заключенных было обеспечено.

4. Выборгская губернская тюрьма во время гражданской войны

4.1. Выбор тюремного совета и комиссара

Персонал Выборгской губернской тюрьмы отнесся к революции настороженно, как и во многих других тюрьмах, оказавшихся на повстанческой территории. Настороженность относилась как к новому порядку, так и к революции вообще. Кто-то их поддерживал, кто-то — нет, некоторые лелеяли надежду, что тюрьмы могут продолжать свою работу в прежнем порядке.

Однако в губернской тюрьме было решено следовать приказу Совета народных уполномоченных об избрании комиссара тюрьмы и членов тюремного совета. 8 февраля Август Ярвенпяя пригласил надзирателей тюрьмы на собрание, на котором в тюремный совет были избраны надзиратели К. Ниемеля, К. Хяннинен, А. Ярвенпяя и ответственный за работы в мастерских Я. Саарио. Однако Ниемеля и Хяннинен, не присутствовавшие на собрании и только после него узнавшие о произошедшем, отказались стать членами тюремного совета. Таким же образом отказался от новой выборной должности и Саарио. Когда об этом сообщили в Выборгский Совет рабочих и солдатских депутатов, надзирателям стали угрожать. Было проведено новое собрание, на котором постановили выбрать новый тюремный совет. Выборы не состоялось и в этот раз, поскольку никто из надзирателей не соглашался добровольно стать членом совета. После этого Совет рабочих и солдатских депутатов представил в письменном виде ультиматум, согласно которому тюремный совет должен был быть избран до 13 часов 14 февраля 1918 года. Надзиратели решили, что совет будет избран, и что никто не имеет права отказаться. В соответствии с этим решением в члены нового тюремного совета были избраны Ниемеля, Т. Хаккарайнен, А. Саланти и Ярвенпяя, а также два заместителя основных членов совета - П. Кяюхкё и А. Виртанен. Избранные подчинились решению собрания и больше не протестовали.

После собрания в тюрьму прибыл журналист Ялмар Таммилааксо[21], представляющий новое местное руководство. Выслушав решение собрания и не сказав ни слова, он отправился в канцелярию тюрьмы. Там он арестовал членов бывшего тюремного правления. Надзиратель Август Ярвенпяя заявит позже, что тюремный совет не знал об этом и не участвовал в заключении бывшего начальства под стражу. Смена тюремной власти произошла грубо, без проведения переговоров, с явным применением насилия.

Совет народных уполномоченных утвердил Таммилааксо комиссаром тюрьмы, но примерно через неделю назначили нового комиссара - Отто Маннинена[22], который посещал тюрьму редко. Когда главный комиссар главного тюремного совета департамента юстиции Феликс Ахти приехал из Гельсингфорса, он призвал надзирателей выбрать из своих рядов комиссара, чтобы "приходящие" комиссары, не знакомые с особенностями тюремной работы не могли нарушить отлаженного внутреннего распорядка. На собрании 19 февраля новым комиссаром надзиратели единогласно избрали Августа Ярвенпяя, а Каарло Ниемеля - его помощником. Совет народных уполномоченных утвердил их в этих должностях.

---

[21]Ялмар Таммилааксо - секретарь областной организации социал-демократов. В мае 1918 года расстрелян в тюремном лагере.

[22]Отто Маннинен - портной. Расстрелян 13 мая 1918 года в Выборгском тюремном лагере.

4.2. Работа губернской тюрьмы во время гражданской войны

Тюрьма продолжала жить обычной жизнью до 14 февраля 1918 года. После выбора тюремного совета комиссар Таммилааксо и его красные помощники арестовали начальника тюрьмы, его заместителя, работника канцелярии и доставили их в красногвардейскую казарму. После оплаты штрафа все тюремные служащие были выпущены. Они смогли также остаться жить в своих домах и квартирах на территории тюрьмы. Многие сотрудники тюрьмы подали в отставку, так как считали, что не могут находиться на службе в изменившихся обстоятельствах. Тюремный пастор и врач продолжили свою работу. Высшим по должности тюремным сотрудником, оставшимся на службе в тюрьме, был вахмистр хозяйственной части Альфред Маннермаа.

Родственники политзаключенных в составе двух разных делегаций приходили уговаривать его остаться на своём посту. Он казался беспристрастным и пытался предотвратить всяческое насилие в качестве посредника. Маннермаа работал по революционному мандату, хотя довольно открыто выражал свое сочувствие белым. Формально тюрьму возглавляли комиссар, заместитель комиссара и тюремный совет, фактически же ею руководил Маннермаа.

Создавшаяся в тюремной администрации ситуация оказалась своеобразной. В тюрьме были избранные революционными властями комиссар и тюремный совет, однако возглавлял её вахмистр хозяйственной части. Эта ситуация была принята всем тюремным персоналом, но без каких-либо отметок в протоколах. Маннермаа справился со своей задачей профессионально. Он был уравновешенным и мог пойти на компромисс во избежание кровопролития.

38-летний Альфред Маннермаа работал ранее в коммерции. У него была семья: жена и трое детей. Его рабочие обязанности были чисто хозяйственного толка: обеспечение тюрьмы продовольствием, бельем и забота о поддержании чистоты в тюремных помещениях. Особенное положение Маннермаа во время гражданской войны объясняется тем, что ему доверяли не только сотрудники тюрьмы, но и политические заключенные. Кроме того, всё свободное от работы время он посвящал любительскому театру. Он был одним из самых известных актёров самодеятельного театра под открытым небом.

После ареста тюремной администрации, произошедшего 14 февраля, тюрьма продолжила свою работу - теперь уже под контролем красных. Руководители тюрьмы стремились соблюдать принятые ещё до революции тюремные указания, которые касались режима работы тюрьмы и методов работы с заключенными. Цель работы состояла в том, чтобы поддерживать нормальный внутренний тюремный распорядок. Выбранный новыми властями комиссар тюрьмы мало что делал, но тюремный совет проводил заседания, так же, как и тюремное правление раньше. Заключенные прибывали в тюрьму, как и раньше, но теперь - по решению красного правосудия. Они были либо осужденными, либо подозреваемыми в совершении преступлений. А Маннермаа руководил повседневной работой.

Новым типом заключенных были политические сторонники белых, заключенные под стражу

и отправленные в губернскую тюрьму по подозрению в контрреволюционных действиях. Заключенных также освобождали, не только по окончании их срока, но зачастую и на основании решений Совета народных уполномоченных Финляндии. По их решению, в частности, были уменьшены сроки наказания за совершение мелких правонарушений. Нет никаких доказательств того, что заключенных освобождали силой. Тюремный порядок сохранялся почти до конца гражданской войны. Это было связано с тем, что тюремные охранники и обслуживающий персонал под руководством вахтмистра Маннермаа остались выполнять свои обязанности, как они делали это до начала войны. Проблемы с организацией питания и других бытовых нужд, конечно, были, но деятельность тюрьмы была вполне нормальной.

4.3. Условия содержания политических заключенных

Политзаключенных принимали в губернскую тюрьму так же как и всех остальных. Первоначально их направляли в цокольный этаж здания, где находилось приемное отделение. Вновь поступившего подвергали основательному досмотру. Всю одежду и тело осматривали, чтобы удостовериться, что у заключенного нет никаких опасных предметов. Эта мера позволяла зафиксировать особые приметы, например, татуировки. Все лишние предметы и табачные изделия подвергались конфискации. Изъятые вещи помещали в сейф до момента освобождения заключенного. Политзаключенные имели право носить личную одежду и большинство из них пользовались этим правом. Личные данные заключенного и причины его пребывания в тюрьме записывались на находящейся в приемной грифельной доске.

*Политические заключенные во дворе губернской тюрьмы 11 марта 1918
года. На переднем плане вахмистр Маннермаа (руки скрещены). Курппа,
Таллгрен (у), Иконен (у), Пиетинен (у), Яяскеляйнен (у), Карила, Петтерсон,
Пухакка, Торвелайнен, Туоминен, Хирвонен, Пелтола (у), Маннермаа (у),
Леппянен (у), Силтанен, Инкинен (у), Яхнукайнен, Тойванен, Лехтонен,
Кемппи (у), Лийкка (у). Буква (у) - убит. Фото: Криминальное управление.*

После проведения этих мероприятий заключенного отправляли в жилое
отделения тюрьмы, чаще всего на первый этаж, в общую камеру, которую
называли между собой "трюмом". По причине нехватки помещений
политзаключенных переводили и в другие тюремные отделения, хотя и
содержали их отдельно от других заключенных. Утро политического

заключенного начиналось в семь часов, когда приносили тёплую воду для умывания. После этого политические заключенные покидали камеру примерно на полчаса, в течение которых уголовники проводили уборку камеры и выносили нужник. То, что эту неприятную работу проделывали уголовные заключённые, ставило политзаключенных в более превилигированное положение. Следует отметить, что к политическим заключенным персонал относился более лояльно и они имели больше свобод.

В 11 часов утра приносили завтрак, который состоял в основном из картофеля и салаки или уклейки. Кроме этого на завтрак полагался хлеб, испеченный из ржаной муки с добавлением картофеля.

Женщины-политзаключенные в губернской тюрьме в апреле 1918 года. На переднем плане главный надзиратель женского отделения Элин Корвенхеймо.

Время с часу до двух часов дня было отведено для прогулок. Политзаключенные не могли свободно прогуливаться во дворе тюрьмы, да и разговоры были запрещены. Прогулки проводились в так называемой "карусели" - деревянном сооружении, находившемся во дворе. В каморках, из которой состояла "карусель", не было крыши, а посередине всей конструкции, находилась вышка дежурного надзирателя. Оттуда он мог следить за движением заключенных по каморкам подобно "пауку", наблюдающему из центра сплетённой им сети. "Карусель" очень раздражала политических заключенных и они устроили забастовку, вытребовав этим право прогуливаться по тюремному двору группами. Между тремя и четырьмя пополудни родственники могли приносить продукты, которые подвергали проверке и только после этого отдавали заключенным. С 18 до 19 часов проходил ужин, иногда это была мясная подливка и пара кусков хлеба.

В 19 часов звучал длинный свисток и начинался вечерняя поверка, который проводил сам тюремный вахмистр Маннермаа. После длинного свистка давали один короткий, он означал поверку на первом этаже, два свистка затем знаменовали начало поверки на втором этаже и так далее, пока все тюремные камеры не были осмотрены. В конце Маннермаа желал всем спокойной ночи, и двери камер закрывали. После вечерней поверки политические заключенные могли тихо разговаривать друг с другом.

В десять часов вечера надзиратель проводил вечерний молебен, состоящий из чтения молитвы и пения нескольких псалмов. После этого наступал "тихий час". Раз в неделю устраивался банный день, и заключенные могли посетить баню, которая находилась в цокольном этаже тюрьмы. В бане одновременно могли мыться от пяти до десяти заключенных.

Вахмистр Маннермаа и политические заключенные 18 марта 1918 года. В верхнем ряду: Инкинен (у), Пелтола (у), Маннермаа (у), Яхнукайнен, Силтанен, Тойвонен. Сидят: Тилли (у), Пухакка, Пиетинен (у), Таллгрен (у). Буква (у) - убит. Фото: музей Южной Карелии.

.

Вид общей камеры политзаключенных. Именно в этом помещении большинство из них были убиты. В нормальных условиях в общей камере размером 6 x 5 метров размещалось до десяти заключенных. В камере были кровати, стол и нужник. Фото: из коллекции Юхи Ланкинена.

Первый этаж губернской тюрьмы. Фото: из коллекции Юхи Ланкинена.

Камера губернской тюрьмы. Размер камеры: длина 3 м, ширина 2 м, высота 3 м. Мебель: кровать складная (в дневное время должна быть сложена), стол, стул и шкаф. Маленькая дверь слева от входной двери - для ночного горшка-нужника.

В целом можно заключить, что Выборгская губернская тюрьма работала в обычном режиме практически на протяжении всей гражданской войны, кроме последних дней. С политзаключенными обращались корректно. Все были обеспечены продовольствием, и никаких нарушений порядка не происходило. После освобождения оставшиеся в живых политические заключенные дали хорошие отзывы об обращении тюремного персонала с ними во время их заключения. Об этом написала в книге своих воспоминаний I väntan på friheten[23] и политзаключенная Эли-Маргарета Вярнйельм.

Она описала момент попадания в тюрьму так: "Меня принимал Маннермаа, который представился, сказав: "К сожалению, нас заставляют принимать в тюрьму господ." Положительно она отзывалась и о других сотрудниках тюрьмы. Камера, в которую поместили Вярнйельм, описана в книге её воспоминаний как будто это номер в отеле: "Камера была светлой и чистой, на стенах отсутствовали безобразные рисунки и надписи. Из мебели были хорошая кровать, стол, два стула и книжный шкаф."

В протоколе заседания тюремного совета есть запись о том, что вахмистру Маннермаа было вынесено замечание, что он даёт слишком много прав политзаключенным. С другой стороны, после окончания гражданской войны комиссар и заместитель комиссара губернской тюрьмы при расследовании инкриминированных им преступлений защищались именно тем фактом, что содержание политических заключенных и обращение с ними было поставлено в тюрьме на образцовый уровень. В ходе расследований оставшиеся в живых политические заключенные дали письменные заявления в поддержку тюремных комиссаров.

---

[23] Прим. пер. В ожидании свободы.

Положительная картина происходящего могла быть связана и с тем, что сотрудники тюрьмы привыкли заботиться о ежедневном тюремном распорядке, а также управлять ситуацией в тюрьме. Некоторые из политических заключенных считали что, персонал тюрьмы поддерживает белофиннов. В любом случае, до трагедии 27 - 28 апреля 1918 года тюрьма была для некоторых политических заключенных самым безопасным местом в Выборге.

4.4. Неудачная попытка освобождения политзаключенных

В последнюю неделю апреля 1918 года обстановка в городе была критической. Белые войска осадили город, который был полон отступивших туда красногвардейцев и мирных жителей. Проигрыш в войне и потеря Выборга красными были предсказуемы, и это было только вопросом времени. Совет народных уполномоченных Финляндии бежал на корабле в Петербург в четверг 25 апреля 1918, что само по себе было признаком безнадежности ситуации и привело к усилению беспокойства и хаоса в городе. Красные все еще пытались организовать оборону.

Уже в начале недели белые войска на берегу залива Папуланлахти, на противоположной стороне от губернской тюрьмы, были в полной боевой готовности начать атаку на город. Над заливом начались интенсивный артиллерийский огонь и стрельба. Тем не менее водное пространство и "красная" оборона все еще были препятствием для начала атаки на район Папула. Выборгские шюцкоры[24], скрывавшиеся в городе, известили

---

[24] Прим. пер. Шюцкор - боевая, полувоенная организация в Финляндии. Создана в 1917 году. Распущена в 1944 году.

белофиннов о готовности помогать. Ходили слухи, что белые начнут наступление на город 23 апреля. Генерал-майор Карл Вилькман принял предложение щюцкоров. Он послал 15-летнего гонца Антти Хирвонена передать для них письменное послание на французском языке, которое было зашито в одежду подростка. Согласно сообщению, войска белых должны были прибыть в Выборг вечером 24 апреля и тогда шюцкор должен начать действовать.

Приказ поступил в штаб Выборгской организации щюцкора 23 апреля в 11 часов утра. Штабное командование отреагировало быстро. Уже в 13 часов был отдан приказ о полной боевой готовности к восьми часам вечера. Было решено начать наступление в час ночи с 23 на 24 апреля. Приказ штаба Выборгской организации шюцкоров был распостранён по городу дамами и барышнями.

Штаб-квартира в течение дня трижды передавала письменные сообщения группе шюцкоров из района Папула. Задача этой группы состояла в том, чтобы в час ночи начать операцию по освобожению политических заключенных из тюрьмы. После этого группа должна была пройдя через железнодорожные пути до улицы Саммонкату и соединившись с другими шюцкорами, начать операцию по захвату города.

Согласно воспоминаниям политического заключенного губернской тюрьмы сотрудника таможни Карла Карила, заключенные уже за неделю знали о возможной попытке их освобождения. По свидетельству Карила, об этом им сообщил Альфред Маннермаа. Была ли какая-то реальная информация о возможных действиях щюцкора уже за неделю до событий и рассказал ли Маннермаа политзаключенным об этом, всё же остаётся под вопросом. Возможно, просто был разговор с Маннермаа, и, в связи с этим, политические заключенные представили себе возможность подобной запланированной попытки.

По воспоминанимям Карила, политзаключенные ожидали освобождения в ночь с 23 на 24 апреля. Однако его не произошло. Позже Карила узнал, что приказ об освобождении политических заключённых шюцкорами был получен. Однако из-за неточности формулировки приказа и отсутствия смелости самих шюцкоров взять ответственность за проведение этой операции, приказ не был исполнен. Заключенные были глубоко разочарованы.

В других районах Выборга отряды шюцкора действовали активнее. Из углового окна верхнего этажа тюрьмы Карила видел утром 24 апреля развевающийся над крепостью Паттеримяки сине-белый флаг, означающий, что крепость была взята организацией шюцкоров. В тот же день из окна тюрьмы было видно, как цвет флага был изменен на белый. Щюцкоры были вынуждены сдаться, а затем были взяты под стражу и доставлены в старый замок. План захвата Выборга был сорван. Белые войска не успели придти на помощь для успешного проведения захвата города. Город оставался во власти красных, а политические заключенные - в губернской тюрьме.

5. Трагедия в губернской тюрьме 27 - 28 апреля

5.1. Красный командир Ялмар Кайпиайнен прибывает в город Выборг

Ситуация в Выборге 22 - 28 апреля 1918 года была хаотичной, безотрадной и неконтролируемой. Оборона красных рушилась. В последние несколько дней в Выборге собрались красногвардейцы, принимавшие участие в сражениях и боях в других местах и бежавшие оттуда. Они уже знали о расстрелах, совершаемых белыми на отвоёванной ими территории. Выборг был окружён, и часть красногвардейцев бежала на корабле в Петербург. Дисциплина в Красной гвардии была нарушена, и многие группы красногвардейцев действовали самостоятельно.

Линия фронта проходила около губернской тюрьмы, по обе стороны залива Папуланлахти. Белые уже приняли одну попытку атаки через залив, но потерпели неудачу. Новая атака началась утром 27 апреля с артиллерийского обстрела.

Район, где была расположена тюрьма, подвергся артиллерийскому обстрелу. Хватка красных ослабевала, и в воздухе чувствовалось "начало конца". Собравшиеся в город красноармейцы не представляли собой "среднестатистических" участников войны. Капитуляция с фронта или дизертирство ближе к родному дому являлось лучшим выбором для штабного писаря или рядового. Те, кто боялся белой расправы, бежали от дома как можно дальше - до Выборга. Из Лаппеэнранта прибыли именно такие люди. Там они, прежде чем уйти, успели отомстить белым за поражение, и, тем самым, определили свою дальнейшую судьбу. Среди этих красногвардейцев и был красный командир Ялмар Кайпиайнен.

Ялмар (Яллу) Кайпиайнен родился 15 ноября 1888 в приходе Сиппола. Отец Яакко и мать Анна поженились в 1882 году. В семье, кроме Ялмара, было ещё три сына: Юхо Нестори (род. 1885), Эмиль (род. 1892) и Эверт (род. 1895). В 1895 году семья переехала в город Порвоо, потом в приход Лаппеэ, а затем в город Лаппеэнранта, а уже оттуда, в 1909 году, в приход Йоутсено. По собственным словам Ялмара он воспитывался дома. В молодости Кайпиайнен был разнорабочим, а также занимался малярным делом. Профессия маляра представлялась ему интересной. Он работал пильщиком на лесопилках в деревне Хонкалахти в приходе Йоутсено, в деревне Лампосаари в приходе Лаппеэ, а также в Тайпалсаари. Впервые он был осуждён в 1907 году, в возрасте 18 лет, за кражу и незаконное хранение и продажу алкоголя. Кайпиайнен сидел в тюрьме за свои преступления четыре раза. Почти все сроки он получил по статье воровство. В то время даже за мелкие преступления наказывали относительно длинными тюремными сроками. Кайпиайнен не был виновен в насильственных преступлениях. По сегодняшним меркам его можно считать мелким преступником-рецидивистом.

Последнее тюремное заключение началось для него 12 ноября 1915 года. Кайпиайнен был осуждён за совершение кражи на три года. Его перевели из

Выборгской губернской тюрьмы в печально известную тюрьму Какола в городе Турку. Кайпиайнена привезли в Турку в цепях. В его личном деле записано, что он невысокого роста и не имеет на теле никаких особых примет. Он также был признан психически здоровым. Болел тифом. Прошёл конфирмацию в приходской тюремной школе в Какола и закончил три класса народной школы. Преступления свои не признавал. Во время заключения получил предупреждение за написание шифрованных писем и дисциплинарное наказание за воровство чернил, за что был посажен на четыре дня в карцер на хлеб и воду. Дисциплинарные правонарушения были незначительными, и в целом поведение Кайпиайнена в тюрьме Какола можно назвать удовлетворительным. Никаких признаков агрессивного поведения не было. Кайпиайнен был освобожден из тюрьмы Какола 15 ноября 1917 года.

После освобождения в 1917 году Кайпиайнен стал работать дворником Дома рабочих в Лампосаари. Почти сразу он вступил в Красную гвардию. После начала восстания Кайпиайнен перебрался в г. Лаппеэнранта, где продолжил обучение в рядах Красной гвардии. После этого он попал на фронт в Йоутсено, где познакомился с начальником штаба Виктором Рипатти. Последнему Кайпиайнен понравился и в конце февраля он получил назначение начальником фронта в Тайпалсаари.

Ялмар Кайпиайнен. Фото: архив тюрьмы Какола города Турку.

Ялмар Кайпиайнен был, несомненно, одним из самых своеобразных красных командиров. По натуре он был упрям и поэтому всё время попадал в сложные ситуации даже со своими соратниками. О нём поговаривали, что "если столкнёшься лбом с Кайпиайненом, твоя жизнь будет висеть на волоске". Его боялись даже свои, но, с другой стороны, он был очень общительным и мог организовывать людей как на разные жестокие шалости так и на военные действия. Даже свои называли его "разбойник Кайпиайнен". У Кайпиайнена на голове всегда была одета красная шляпа в французском стиле. Он хорошо пел; у него был отличный бас, которым он горланил революционные марши.

До войны Кайпиайнен не входил в правления никаких общественных организаций. Однако во время войны он стал лидером-самоучкой. Его поведение было отличалось некоторой разухабистостью, которая влекла за собой массы. Недостаточные знания и отсутствие

командного опыта не мешало, когда было достаточно только одного приказа. Кайпиайнен не был трусом или неудачником. Он, видимо, сразу ухватил суть дела и поднялся до уровня полученной задачи.

Говорят, что Ялмар Кайпиайнен показал свой характер в бою при Корвенкюля 13 февраля 1918 года. Белый разведчик, 20-летний крестьянин-собственник Калле Пеллинен, был схвачен красногвардейскими кавалеристами. Кайпиайнен вместе с командиром другого красногвардейского отряда вели Пеллинена впереди себя с поднятыми вверх руками. Он, с белой лентой в шляпе, вел себя вызывающе, предчувствуя приближающуюя развязку. Потом его заставили бегать босиком по снежным сугробам. Во время передышки Пеллинен проронил: "Вы всё равно не возьмете Корвенкюля." Услышав эти слова, Кайпиайнен застрелил его из пистолета в голову; убийство было довершено товарищем Кайпиайнена.

Ялмар Кайпиайнен и его товарищи выехали из Лаппеэнранты в Выборг на предпоследнем поезде во второй половине дня в среду 24 апреля. Они прибыли в Выборг вечером и остановились в гостинице Суоми на улице Реполанкату. Отряд Кайпиайнена значительно уменьшился. Вместе с ним остались Тойво Кангасмяки, Хильма Ниеминен и Калле Гуомо. В той же гостинице остановились красногвардейцы из других подразделений. Из них был упомянут служивший какое-то время начальником фронта Вальфрид Яло. Возможно, что Эмиль Ихалайнен тоже посещал гостницу; возможно, были и другие знакомые Кайпиайнена. У Кайпиайнена был с собой запас горячительных напитков, привезенных из штаба в Лаппеэнранта. Пополнение покупали на украденные деньги в местной аптеке. Мартта Хяннинен, невеста Ялмара Кайпиайнена, приехала в Выборг в четверг 25 апреля и тоже поселилась в гостинице Суоми. Брат Ялмара Кайпиайнена Эверт Кайпиайнен приехал в Выборг днём раньше, в среду 24 апреля. Он проводил время на железнодорожной станции, где в субботу утром 27 апреля он встретил своего брата Ялмара и они вместе с ним отправились в гостиницу.

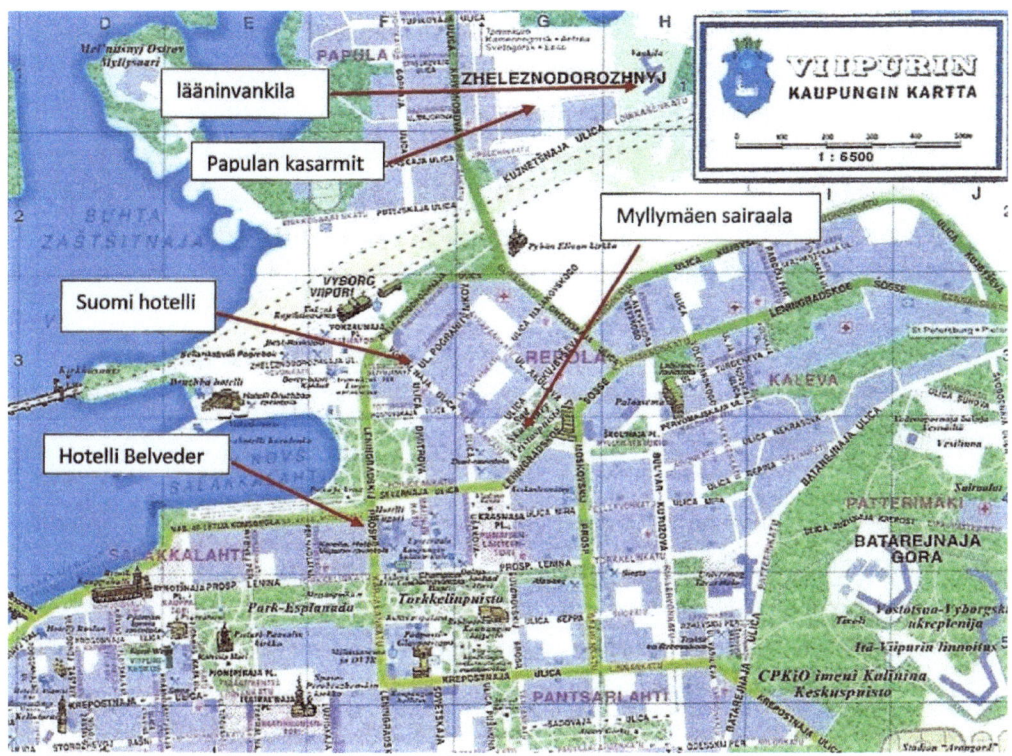

Карта Выборга. Согласно карте гостиница Суоми была расположена недалеко от железнодорожного вокзала. От этой гостиницы до казарм в районе Папула и губернской тюрьмы было чуть более километра. Больница в районе Мюллюмяки также находилась неподалёку.

Мартта Хяннинен, 25-летняя портниха, была родом из деревни Армила прихода Лаппеэ. У неё был незаконнорожденный сын, который родился в

1913 году. Согласно записям в церковной книге и по данным организации шюцкоров г. Лаппеэнранты, она никогда не подвергалась наказанию. Такими же сведениями располагала и полиция. Работодатель Мартты Хяннинен дал ей положительную характеристику. Хяннинен показала на допросе, что присоединилась к Красной гвардии по экономическим причинам и служила курьером в штабе Красной гвардии в г. Лаппеэнранта, откуда посылали почту в города Гельсингфорс, Тампере и Выборг. Она была знакома с Кайпиайненом ещё в детстве, но снова встретилась в Лаппеэнранта в январе 1918 года, уже после начала восстания. Кайпиайнен был тогда рядовым красногвардейцем. Они начали встречаться. Помолвка состоялась уже 22 апреля, но они договорились, что объявят о помолвке только 28 апреля.

Тойво Кангасмяки был крестьянином-собственником из прихода Леми. Некоторое время он возглавлял отдел разведки в Лаппеэнранта, где работала и Хильма Ниеминен.

Утром в пятницу 26 апреля Ялмар Кайпиайнен участвовал в общем собрании красногвардейцев в старом замке, где, по его собственным словам, он был назначен начальником Восточного фронта Выборга. Кайпиайнен показал своей невесте Мартте Хяннинен полученную им доверенность. Однако, согласно его показаниям на допросе, Кайпиайнен не участвовал в руководстве боевыми действиями, если не считать руководства раздачей боеприпасов для боевых действий на железнодорожной станции. Здесь Кайпиайнен, безусловно, приуменьшает свою роль. Мартта Хяннинен показала позднее, что именно в этот день она почти не видела своего жениха. Судя по всему, Кайпиайнен активно передвигался по городу в роли организатора и в четверг, и в пятницу, но не стал об этом рассказывать.

5.2. Губернская тюрьма утром 27 апреля

Утром в субботу 27 апреля в тюрьме было неспокойно. Обстановка в городе была напряженной. Белые войска на другой стороне залива Папуланлахти, с ночи готовящиеся к нападению, обстреливали район тюрьмы. Стрельба была

слышна и из других районов города. Территория тюрьмы была переполнена: кроме уголовных и политических заключенных, на территории находились сотрудники тюрьмы, семьи сотрудников, а также несколько посторонних граждан.

Вахмистр Альфред Маннермаа находился на службе. Утренние работы шли своим чередом, но Маннермаа был обеспокоен ситуацией. Уже 24 апреля он отдал распоряжение надзирателям не пропускать посторонних на территорию тюрьмы.

Утром, между семью и восьмью часами, у ворот тюрьмы появилась группа красногвардейцев, потребовавших пропустить их для встречи с Альфредом Маннермаа. Группу возглавлял красный командир Эмиль Ихалайнен. Это был 25-летний рабочий, родом из деревни Тиилируукки недалеко от г. Выборга. Он жил со своей семьей - женой Анной Юлией и двумя маленькими детьми - в Выборге, по адресу улица Тиккутехтаанкату, д. 59. До гражданской войны Ихалайнен проработал на выборгской электростанции более полутора лет. В августе 1917 года он уволился, или, возможно, его уволили. 2 октября 1917 года Ихалайнен был приговорен за кражу к 6 месяцам тюремного заключения, и его отправили в губернскую тюрьму. Ихалайнен и ранее несколько раз сидел в тюрьме за кражу, хищение, а также за хранение и продажу краденных товаров. 8 марта 1818 года Ихалайнен был освобожден из тюрьмы Красной гвардией. На тот момент до окончания срока наказания ему оставалось полгода. Таким образом, Ихалайнен хорошо знал губернскую тюрьму и ее сотрудников, а они знали его. Эмиль Ихалайнен был мелким преступником, и его приговоры были относительно короткими.

Альфред Маннермаа фактически возглавлял тюрьму во время событий 1918 года. Он не был выбран на эту должность красной администрацией, но он был самым высоким должностным лицом тюрьмы, из тех кто остался исполнять свои обязанности после смены власти. Он хорошо справлялся со своими обязанностями вплоть до начала трагедии.

Эмиль Ихалайнен присоединился к Красной гвардии, как только освободился из тюрьмы; ему выдали зарплату, снаряжение, одежду и револьвер. Ему были присущи качества воина. Он скоро был назначен руководителем довольно большого отряда. В сражении около деревни Пуллила Ихалайнен был уже в должности красного командира, а в конце боев, когда поражение было уже не за горами, поднялся до должности фронтового командира. Во время отступления Ихалайнен находился на станции Кавантсаари, где занималя поджогом строений и вагонов с зерном. В Выборг он прибыл не позднее 26 апреля. Известно, что он ездил по городу и разыскивал пастора губернской тюрьмы Фримана, чтобы его застрелить. Когда кто-то спросил его "почему", Ихалайнен ответил, что "жизнь человека сейчас стоит очень мало". Ихалайнен работал в штабе красных, много ездил по городу и, вероятно, встречался и с красногвардейцами, остановившимися в гостинице Суоми. Известно, что он был комиссаром и занимался вопросами продовольствия и обмундирования.

Когда утром 27 апреля Ихалайнен пришел со своей группой к тюремным воротам, сторожем на посту был надзиратель Стенберг. Ихалайнен сказал, что хочет поговорить с Альфредом Маннермаа, и его впустили через главные ворота, хотя уже с 24-го числа Маннермаа запретил пропускать в тюрьму посторонних. Возможно, надзиратель подумал, что Ихалайнена можно пропустить без какой-либо опаски, поскольку вместе с ним у ворот стояло только два красногвардейца. Однако, когда Ихалайнен вошел в открывающиеся ворота, вместе с ним проникли ещё три красногвардейца.

Группа Ихалайнена прошла прямо в тюремную канцелярию, где их встретил Маннермаа. Ихалайнен сообщил ему, что он пришел забрать из тюрьмы пистолеты "для штабных господ". У них, якобы, не было достаточно пистолетов, а винтовки при езде на лошади и на велосипеде возить было неудобно. Маннермаа решительно отказался отдать оружие, заявив, что тюремный персонал сам нуждается в оружии для выполнении своих служебных обязанностей. Маннермаа также утверждал, что всё оружие находилось у надзирателей, и он не знает, где кто находится. Однако Ихалайнен по-прежнему требовал пистолеты и обещал доставить в тюрьму винтовки. Он становился всё более настойчивым и Маннермаа наконец согласился, сказав при этом присутствующим: "Отдадим оружие, чтобы от них избавиться". Он приказал присутствующим передать оружие. Ихалайнену было отдано пять пистолетов. По просьбе Маннермаа Ихалайнен написал расписку на полученное им оружие. Один из красногвардейцев оставил свою винтовку в качестве компенсации за пистолеты и Ихалайнен пообещал доставить в тюрьму винтовки взамен переданных пистолетов. После этого Ихалайнен и его товарищи покинули тюрьму.

Визит Ихалайнена не остался незамеченным ни для для заключенных, ни для персонала. Это обсуждали как работники тюрьмы, так и политические заключенные. Обещаниям Ихалайнена не поверили, да и доставить оружие он пообещал только на следующий день. Поскольку оружие в тюрьме нужно было для поддержания безопасности и порядка, сотрудники тюрьмы под руководством Маннермаа задумались о приобретении другого оружия. Было решено отправить в город магистра Пааво Виитанена и работников тюрьмы Саарио и Сухонена. Они вернулись в тюрьму около двух часов пополудни. Им удалось приобрести десять винтовок и патроны и принести их в тюрьму. Винтовки были спрятаны в помещении канцелярии.

5.3. Красный командир Ялмар Кайпиайнен отправляется в тюрьму

Суботнее утро 27 апреля Кайпиайнен провёл в разъездах. Согласно протоколу допроса, он встретил утром на вокзале своего брата Эверта и отвез его в гостиницу Суоми, где в то время находились Мартта Хяннинен и Хильма Ниеминен. Эверт Кайпиайнен показал, что очень скоро вернулся на железнодорожную станцию, и пришёл в гостиницу только около пяти часов вечера. В гостинице Эверт встретил девушек Мартту и Хильму, а также своего брата Ялмара Кайпиайнена, Калле Гуомо и Вяйнё Пихлаяниеми. Мужчины были в состоянии сильного алкогольного опьянения. Вполне вероятно, что утром, когда Кайпиайнен ездил по городу, он слышал, что Эмиль Ихалайнен добыл оружие в губернской тюрьме. Тем не менее, предположение, что утреннее посещение тюрьмы Ихалайненом и вечерний визит в тюрьму Кайпиайнена могут быть выстроены в целостную цепочку событий остаётся лишь догадкой. Фактом является то, что Ихалайнен был в красногвардейском штабе своего рода начальником и, как бывший заключенный, знал, что у надзирателей есть оружие.

В всяком случае, Ялмар Кайпиайнен не был с той группой красноармейцев, которая в субботу утром 27 апреля под руководством Эмиля Ихалайнена изъяла оружие у надзирателей губернской тюрьмы. Выпивая до полудня, Кайпиайнен провёл почти всю субботу в гостинице. С ним вместе находились Хяннинен, Ниеминен, Гуомо и Пихлаяниеми. Почти наверняка разговор шёл о ситуации в Выборге, о событиях в губернской тюрьме и об освобождении находящихся в тюрьме заключённых.

Во второй половине дня, около трёх часов пополудни, выпив как минимум полбутылки коньяка, Кайпиайнен сообщил, что отправляется в город и проведёт там не менее часа. Он объявил, что отправляется на передовую в районе Папула. С собой он взял крепкие напитки. Вместе с ним отправились все присутствующие, а также оставшийся неизвестным мужчина. Из них, однако, только Гуомо и неизвестный мужчина проследовали вместе с Кайпиайненом в губернскую тюрьму.

По рассказу Кайпиайнена, после ухода из гостиницы, ехавши верхом на лошади, он заметил пожар в направлении губернской тюрьмы. Услышав, что что-то горит в тюрьме, он решил отправиться туда спасать заключенных. Проезжая мимо казарм в районе Папула, Кайпиайнен заехал туда и взял с собой человек десять - вспомнив на допросе только имя Альбина Писконена. Из рассказа Кайпиайнена следует, что, прибыв в район тюрьмы, он заметил кучи горящих дров неподалёку от тюрьмы, не представляющие опасности для находящихся в тюрьме. Однако в направлении тюрьмы слышалась непрерывная артиллерийская стрельба, и несколько снарядов всё же попали на её территорию. По его собственным словам, Кайпиайнен всё-таки решил перевести заключенных в более безопасное место.

5.4. Трагедия начинается

Красногвардейцы во главе с Кайпиайненом подошли к воротам тюрьмы и попыталась туда проникнуть. Кайпиайнен приказал открыть ворота. Надзиратель ответил, что пойдёт искать начальника и не открыл ворота. Пока Кайпиайнен с товарищами дожидался у ворот и готовился их взломать, к воротам со стороны пожара подошёл высокий худой человек - тюремный работник, ответственный за заготовку дров. Когда Кайпиайнен сказал ему, что хочет пройти на территорию тюрьмы, мужчина ответил ему, что туда можно попасть и через задние тюремные ворота.

Отряд Кайпиайнена бросился к задним воротам, которые оказались открытыми. Так они проникли в тюремный двор и направились прямиком в тюремную канцелярию. Там они встретили Маннермаа и надзирателей и потребовали, чтобы главные ворота были отперты. Ворота открыли, и в тюремный двор прошли оставшиеся красногвардейцы. Всё произошло так неожиданно, что у Маннермаа и надзирателей не было времени взять ситуацию под контроль. Ружья, ранее приобретенные в целях безопасности в городе, были вынужденно переданы красногвардейцам Кайпиайнена.

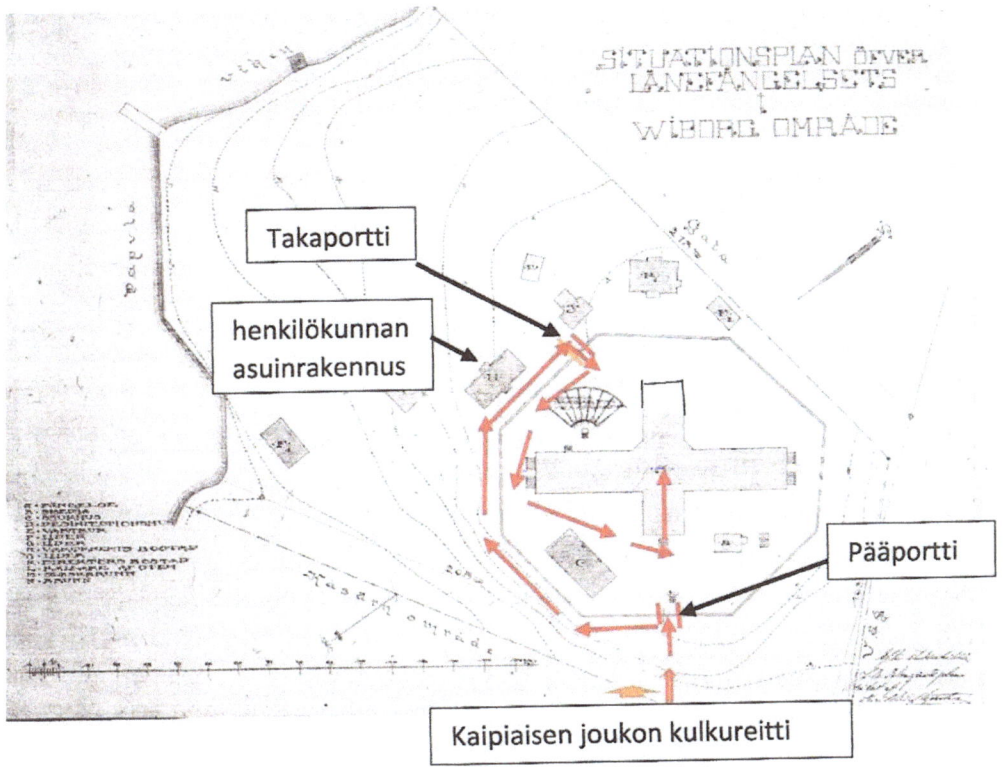

Маршрут группы Ялмара Кайпиайнена.

Ворота, через которые Кайпиайнен и его красногвардейцы вошли в тюрьму, были предназначены для персонала. В результате обстрела, либо по какой-то другой причине на территории в четыре часа пополудни начался пожар. Надзиратели, проживавшие на территории, попросили политических заключенных помочь спасти ценное имущество из горящего здания, в частности, картины начальника тюрьмы Строльмана. Политические заключенные сначала отказались, поскольку было известно, что передовая проходила рядом с тюремными воротами и во дворе этого жилого дома находилась пулеметная рота. Поколебавшись, они решили придти на помощь, и задние ворота тюрьмы были открыты.

Прибытие Кайпиайнена и красногвардейцев во двор тюрьмы было замечено. Из окна общей камеры просматривался задний двор тюрьмы, и можно было наблюдать, как через открытые ворота во двор вошли, по крайней мере, восемь вооруженных красногвардейцев, тащившие за собой отставленного от своей должности начальника тюрьмы Строльмана. Группа, впреди которой был вооруженный двумя револьверами красный командир, шумно ругаясь, атаковала здание тюрьмы; несколько человек поспешили открыть главные ворота тюрьмы и пропустили во двор остальных красногвардейцев. Политический заключенный Саастамойнен, увидев из окна прибытие красногвардейцев, бросился в коридор с криком: "Красногвардейцы заходят в тюрьму". Кайпиайнен, находившийся в тюремном коридоре, держа в левой руке револьвер, напал на Саастамойнена, схватив его за грудки и оттолкнув к стене. Кайпиайнен спросил его имя и профессию, а затем затолкал обратно в общую камеру.

Проникнув в тюрьму, Кайпиайнен, согласно собственным показаням, приказал Маннермаа выпустить заключенных из камер. Маннермаа передал приказ тюремным надзирателям. Кайпиайнен рассказал на допросе, что он приказал Маннермаа отдать уголовным заключенным их деньги, а также выдать заработанную во время прибывания в тюрьме зарплату. Для этой цели Маннермаа предоставил Кайпиайнену 100 финских марок. Кроме того, было приказано раздать уголовным преступникам гражданскую одежду.

Прошёл слух, что красные забирают тюрьму под своё убежище и переводят заключенных в другое место или, возможно, на передовую. В коридоре заключенные были разделены на две группы и построены в два ряда. В первую группу были определены те, кто был одет в тюремную одежду. В эту группу попали и несколько политических. Им Кайпиайнен приказал переодеться. Во вторую группу собрали тех, кто был в собственной одежде. В эту группу попали несколько уголовников. Затем Кайпиайнен, держа в руке револьвер, начал допрос. Первым заключенным, к которому Кайпиайнен обратился, оказался крестьянин-собственник Туомас Кийски. Кийски, который нервничал и немного заикался, ответил ему не сразу, и тогда Кайпиайнен, согласно собственному рассказу и другим свидетельским показаниям, выстрелил ему в голову, в результате чего, после третьего выстрела, Кийски упал на пол. Кайпиайнен продолжил допрос, и сообщавших об уголовных преступлениях, переводили в группу, где были арестанты в тюремной одежде. Все те заключенные, которые объявили причиной тюремного заключения "контрреволюционную настроенность", были переведены в общую камеру на первом этаже, которая представляла собой восьмиугольную комнату с решетчатым окном и запиралась снаружи. В эту комнату было помещено 42 человека.

Через некоторое время Кайпиайнен зашёл в общую камеру и пригрозил заключенным расстрелом, дав двадцать пять минут на подготовку к смерти. Когда около семи часов вечера Кайпиайнен вернулся в комнату, чтобы проверить наличие огнестрельного оружия, которого, конечно, ни у кого не было, фабрикант Пиетинен предпринял попытку поговорить с Кайпиайненом. Кайпиайнен, который был явно в состоянии алкогольного опьянения, разговаривать не пожелал. Ему попытались объяснить всё безумие возможного расстрела политических заключенных и напомнили о соблюдении международных законов. Казалось, что никакие доводы не могли повлиять на решение Кайпиайнена.

Когда дверь за Кайпиайненом закрылась, оставшиеся в камере заключенные поняли, что ситуация стала крайне удручающей, что увиденное недавно в коридоре убийство Кийски предвещало и им подобную судьбу. Бессилие и беспомощность отразились на большинстве лиц в те первые минуты. Все пожимали друг другу руки, так как верили, что красные забросают их гранатами и убьют всех сразу. Со временем некоторые заключенные успокоились и попытались написать родственникам предсмертные записки. Но некоторые заключенные впали в полное отчаяние. Инженер Таави Силтанен произнес несколько обнадеживающих слов, и тут же объявил, что у него есть маленький револьвер, и что он намеревается использовать его в подходящее время, и поинтересовался мнением присутствующих. Многие высказались против использования оружия, в то время как другие разделили мнение Силтанена. Окончательным было решение, что оружие будет использовано только тогда, когда станет ясно, что предполагается массовое убийство. Время ожидания превысило обещанные 25 минут. Послышались выстрелы и крики о том, что "истязатель" заключенных вахмистр Альгрен убит.

Примерно через полчаса дверь в комнату открылась, и вошедший Кайпиайнен громко приказал четырем мужчинам выйти в коридор. Матти Пиетинен, Леандер Иконен и Йухан Таллгрен шагнули вперед. Воцарилось молчание. Кайпиайнен повторил свой приказ: ”Четыре человека в коридор!”. Затем он повернулся к Юхо Миелонену, который стоял ближе всех к двери, и сказал: ”Будешь четвертым”. Вытолкнув Миелонена в коридор, он закрыл за собой дверь.[25] Находившиеся в камере услышали: ”Прицел, огонь!”. Затем

---

[25] Яакко Пааволайнен пишет в первой части своей книги, что сначала расстреляли четырех человек: Иконена, Пиетинена, Таллгрена и Альгрена. Но это не так. Первым был убит Кийски. После этого расстреляли группу из 4-х человек: Иконен, Пиетинен, Таллгрен и Миелонен. Альгрена в этой группе не было; его искали, нашли на цокольном этаже тюрьмы и расстреляли. Пааволайнен рассматривает возможность того, что кому-то было дано задание расстрелять важных политических заключенных. По его мнению на эту возможность указывает тот факт, что сначала были расстреляны четверо людей, которых с точки зрения революционного террора стоило расстрелять. Возможно, что расстрел таких известных в городе лиц и было чьим-то заданием, хотя никакие исследования этого не подтверждают. Убийства, совершенные поздно вечером и ночью, не могли быть приказом свыше. Размышления Пааволайнена по этому

последовал залповый выстрел. Всем стало понятно, что вышедшие в коридор были убиты.

Теперь в камере даже сомневающимся стала ясна их дальнейшая судьба. Уже никто не хотел быть расстрелянным без сопротивления. Появилось желание защищаться до последнего вздоха. Согласно совместному решению в комнате произвели перегруппировку и поставили инженера Силтанена у дверного проема. Он был готов стрелять, как только откроется дверь. Сразу за ним как самые крепкие стояли Кекки и Кемппи. Все остальные вооружились найденными в камере предметами: бутылками, чашками и т.п. Как только дверь открылась и послышалась команда: "Следующие пять человек!" - инженер Силтанен поднял руку с маленьким карманным семизарядным револьвером и дважды выстрелил в сторону красного командира, приказав всем выходить. Силтанен первым выбежал из камеры, револьвер выпал из его рук, и он бросился в кулачный бой с красногвардейцами, находившимися в коридоре.

поводу нельзя подтвердить ни этим, ни другими исследованиями. В других отношениях автор описывает события в тюрьме достаточно точно.

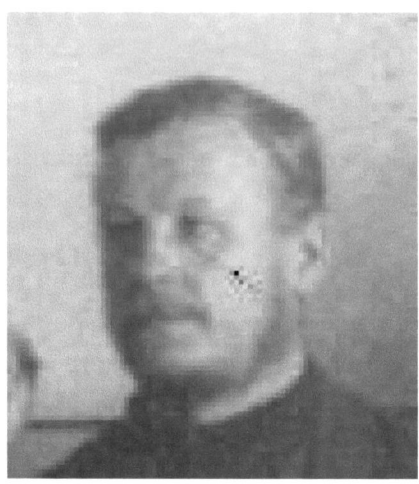

Инженер Юха Таави Силтанен находился камере политических заключенных, когда начался расстрел. Он поддерживал и утешал собратьев по несчастью, а также организовал оборонительную атаку. Позже стал заместителем мэра г. Выборга и городским советником.

Поскольку дверной проем был очень узок, а другая половина двери все еще закрыта, добиться полного успеха спланированной атаки не удалось, так как за короткий промежуток времени удалось выбежать лишь нескольким находившимся в камере. В коридор успели проникнуть Силтанен, Пухакка, Яхнукайнен и Кекки. Пухакка и Кекки удалось спрятаться в цокольном этаже тюрьмы. Окровавленный Кекки был найден красногвардейцами на следующее утро. У него были переломаны все пальцы, а большой палец левой руки прострелен. Пухакка удалось просидеть в убежище до полудня следующего понедельника и остаться невредимым. Силтанен и Яхнукайнен спрятались в камерах. Силтанен, получивший штыковое ранение, был обнаружен красными на следующее утро и брошен в ту же самую камеру, где уже находился найденный Кекки. Яхнукайнен сумел спрятаться до десяти часов вечера понедельника и не пострадал. Красный командир Кайпиайнен был ранен в плечо.

Стремительная атака заключенных застигла находящихся в коридоре красногвардейцев врасплох. Через некоторое время они открыли огонь по выбегавшим из камеры. Стреляли они плохо, поскольку были в состоянии алкогольного опьянения. Заключенным удалось перехватить две винтовки, в каждой из которых, к сожалению, осталось только по одному патрону. В этом интенсивном перекрёстном огоне были убиты, по крайней мере, фабрикант Инкинен и студент Валь, многие получили ранения. Винтовки были захвачены Кемппи и, вероятно, журналистом Пухакка. После этого была предпринята новая попытка выбраться из камеры, но перекрестная стрельба с обоих концов коридора заставила заключенных отступить обратно. Однако они успели захватить в заложники стоявшего недалеко красногвардейца, которому журналист Суоминен пробил бутылкой голову, а городовой Хирвонен, строительный подрядчик Лайтинен и помощник продавца Тойвонен отобрали у него винтовку, которая, к сожалению, оказалась без патронов. Два патрона были найдены в кармане убитого красногвардейца.

И во время этой атаки среди заключенных были жертвы. Был убит надзиратель Тилли, а Кемппи получил ранение. Чтобы красногвардейцы не могли войти, решили забаррикадировать дверной проем железной кроватью, столом и другими подходящими вещами. Дверь и основы кроватей были с крупными ячейками, и такая баррикада не могла защитить от стрельбы из коридора, но препятствовала проникновению в помещение. Во время интенсивной стрельбы находящиеся в камере бросались на пол, стараясь увернуться от пуль. Как только стрельба ненадолго заканчивалась, сразу начинали поправлять сделанную баррикаду. Ситуация осложнилась, когда красногвардейцы вместе с двумя женщинами-заключенными (фамилия одной из них была Копонен), вышли в тюремный двор на прогулочную площадку и начали стрелять по окнам камеры.

В своих воспоминаниях сотрудник таможни Карл Карила, бывший в это время в камере, описывает происходившее следующим образом: "Находящиеся в коридоре красногвардейцы думали, что у нас много винтовок и большой запас патронов, потому что мы кричали: "Ещё патронов и винтовок!". Следствием этого было то, что красногвардейцы не смели подойти и расстрелять находившихся в камере в упор, но и в покое они нас не оставляли. Стрельба красногвардейцев, направленная из коридора в нашу камеру, продолжалась всю ночь. Многие из нас были тяжело ранены, например лейтенант Пелтола, магистр Пухакка и фабрикант Инкинен. Под плотным огнестрельным дождём мы не могли оказать нашим раненым товарищам помощь."

5.5. Ялмар Кайпиайнен получает ранение - Альбин Писконен продолжает

Ялмар Кайпиайнен получил ранение в правую руку от пули, выпущенной из револьвера Таави Силтанена. Он упал в коридоре и был вынесен товарищами. Получив первую медицинскую помощь от медсестры, перевязавшей его, он был доставлен в гостиницу. Утверждают, что он отдал команду: "Убить всех политических заключенных!" и назначил руководителем 25-летнего рабочего Альбина Писконена, недавно освобожденного из тюрьмы, где он отбывал пятилетний срок. Писконен был старым знакомым Кайпиайнена по тюремным коридорам и встречался с ним на фронтах гражданской войны. Красногвардейцы сделали несколько попыток сломать построенную баррикаду. Получивший винтовку Кемппи отстреливал красногвардейцев, пытавшихся прорваться через препятствие. Это сделало красногвардейцев осторожными, и они уже не пытались прорваться. Охраняя препятствие Кемппи был ранен и умер.

От баррикады особой защиты не было, в камере уже были раненые и убитые. Под руководством Писконена стрельба продолжалась, но в скором времени постепенно утихла. Тем временем стало совсем темно, потому что выключили свет в коридоре нижнего этажа. Однако вскоре там появился свет от ламп и красные довершили начатое, забросав камеру ручными гранатами. Согласно рассказам выживших, первая граната была брошена из коридора через баррикаду. Она пробила брешь в северной стене, кроме того были убиты судья Леппянен, крестьянин-собственник Лийкка и господин Яяскеляйнен. Вскоре еще одна граната разорвалась в камере, теперь уже ближе к окну, оторвав лицеисту Похйола ноги. Лейтенант Пелтола получил ранение в живот, а магистр Пухакка лишился ноги. Третья граната не разорвалась.

Между часом и тремя ночи артиллерийский огонь со стороны белых войск был так силен, что заключенных на некоторое время оставили в покое. Но стрельба продолжалось до утра. Вид камеры утром был ужасающим. Кровь была везде и многие лежали в кровяных лужах. Раненые стонали; некоторые из лежали под грудой трупов.

5.6. События в других тюремных отделениях

Губернская тюрьма во время этих трагических событий была переполнена. Помимо политических заключенных, в тюрьме в это время находились уголовники, подследственные и другие задержанные заключенные женского и мужского пола. Кроме них в тюрьме находился обслуживающий персонал, и в цокольном этаже - семьи тюремного персонала, а также несколько посторонних граждан, пришедших в тюрьму искать защиту от артиллерийской канонады.

Политические заключенные были размещены на первом этаже тюрьмы в общей камере, в одиночных камерах и в цокольном этаже. Им разрешалось свободно передвигаться по тюрьме. Остальные заключенные были размещены в камерах на верхних этажах.

Когда Кайпиайнен и организованная им группа красногвардейцев проникла в тюрьму, он приказал освободить всех уголовных заключенных и находящихся под следствием. Многие освобожденные заключенные присоединились к группе Кайпиайнена. В частности, женщины примкнули к красногвардейцам, подстрекая и поощряя их. Женщины-заключенные были активными и до совершившейся в тюрьме трагедии. На основании рассказанного на допросах известно, что ими было написано письмо красному командиру Кайпиайнену, которое содержало просьбу об освобождении из тюрьмы. Самыми горластыми из них были Хельми Копонен, Хильма Рууту, Лююли Торопайнен, Анна Ювонен и Хильда Рантала.

Политические заключенные барышня Эли-Маргарета Вярнйельм и ее брат проживали в цокольном этаже. Вярнйельм вспоминала, что "хаос в цокольном этаже начался, когда кто-то из надзирателей закричал, что русский солдат бросает гранаты во дворе тюрьмы. Через некоторое время сообщили, что группа красногвардейцев напала на тюрьму. Была отдана команда всем политическим заключенным подняться на первый этаж. Я и мой брат поднимались по лестнице, когда услышали выстрел или взрыв, и, испугавшись, побежали вниз. Мгновение спустя один из красногвардейцев спустился на цокольный этаж (он был маленького роста, одет в серую одежду и был пьян). Он спросил у нас, есть ли здесь еще политические заключенные. Начальник тюрьмы Строльман и господин Тойикандер сказали, что я и мой брат - их родственники и находимся в тюрьме в качестве беженцев. Ответ, казалось бы, удовлетворил этого человека, который перевёл дуло револьвера на надзирателя Кяюхкё, и спросил, где находится Альгрен. Кяюхкё ответил, что не знает. Строльману тоже угрожали револьвером, но его спасло то, что госпожа Строльман встала между мужем и злодеем. Красногвардеец сказал, что хочет теперь отомстить за двадцать проведенных в тюрьме лет. Прошло около часа, дверь открылась, и пришедший красногвардеец объявил, что стоит помолиться, поскольку настали последние минуты жизни. Подошёл еще один высокий и смуглый красногвардеец, представился ротным и объявил, что вахмистр Альгрен был найден и расстрелян. Маннермаа был приведен под охраной двух красногвардейцев, которые спрашивали, где находится его семья. Нам всем велели переместиться в другой конец здания, объясняя это тем, что та часть тюрьмы, где находятся политические заключенные, будет взорвана. Сразу после этого послышалось несколько выстрелов из коридора первого этажа. После долгого ожидания нам всем велели подняться на первый этаж. Кто-то предложил спрятаться под старой одеждой на складе в цокольном этаже, но в итоге было решено идти на смерть всем вместе. Наверху нас всех под дулом револьвера обыскали и руководила всем этим какая-то озверевшая женщина. Начальник тюрьмы Строльман и господин Тоийкандер были немедленно расстреляны.[26] Начальника тюрьмы убил Альбин Писконен под крики: "Стреляй в голову!"

Нас прогнали в южный конец коридора, объясняя это тем, что все белые будут сейчас же расстреляны. Началась неистовая и беспорядочная стрельба. Все мы, пытаясь защититься, прижались к тюремным стенам и, в конце концов, к нашему счастью, оказались в камере. Когда стрельба прекратилась, поступила команда отвести нас всех в русскую казарму. Коридор был

---

[26]Изначально начальника тюрьмы Строльмана не было в общей камере, куда были собраны другие политзаключенные. Он и его заместитель Русама были задержаны в феврале 1918 года после отказа продолжить работу. После уплаты назначенного им штрафа их выпустили и разрешили проживание в занимаемых ими казённых квартирах. Уже за два дня до начала трагедии, после начала непрерывного артиллерийского обстрела, семьи тюремных служащих перебрались в укрытие, в стены губернской тюрьмы.

наполнен пороховым дымом, там и здесь валялись покалеченные тела. Около выхода стояло несколько красногвардейцев. С улицы слышался грохот орудийной стрельбы, и было похоже, что часть казарм в районе Папула горит. Однако через некоторое время нам приказали вернуться на цокольный этаж, где мы прошли сначала в помещение пекарни, а затем вышли в среднюю часть коридора. С первого этажа все еще были слышны выстрелы из винтовок. Передали приказ всем мужчинам подняться на первый этаж на расстрел, но по какой-то причине они вернулись. Между часом и тремя ночи стояла почти идеальная тишина, хотя перед этим с первого этажа были слышны выстрелы. Около четырёх часов утра на цокольный этаж вернулись искавшие кого-то красногвардейцы. Члены семей и другое мирное население, ставшее заложниками красных во время трагических событий были отправлены между семью и восьмью часами утра здание народной школы в районе Папула, где их и оставили. Основная группа красногвардейцев, вероятно, покинула тюрьму между пятью и шестью часами утра."

В то время, когда часть красногвардейцев атаковала общую камеру, другая часть группы занималась поисками тюремных служащих. Им всячески угрожали и несколько раз даже выстраивали на расстрел. Некоторые из надзирателей спаслись только благодаря своему хладнокровию и самообладанию, некоторые смогли убежать из тюрьмы. В конце концов красногвардейцы выбрали своей жертвой Маннермаа, находившегося в коридоре у канцелярии, откуда он под дулами отступил в помещение для надзирателей, где его и застрелили. Там же были застрелены надзиратели Пюлькканен и Лаакконен, а надзиратель Йокинен погиб в караульной.

Начальник таможни Отто Ванхала, бывший во время трагедии политическим заключенным в губернской тюрьме, рассказал, что поскольку он не мог помогать в тушении пожара, ему разрешили пойти наблюдать за происходящим из окон тюремной библиотеки, которая была расположена на третьем этаже тюрьмы. Здесь же находились заместитель начальника тюрьмы Русама и госпожа Маннермаа. Из окна они видели, как красногвардейцы попали на территорию тюрьмы. В то же время один из тюремных надзирателей подошел к двери библиотеки и запер ее, думая, что комната пуста. Таким образом все трое остались запертыми в помещении библиотеки. Оттуда было слышно, как красные расстреливали белых заключенных. Отто Ванхала также впоминал, что видел из окна библиотеки, как красные бросали с улицы гранаты в окно общей камеры. Красногвардейцы поднимались по стремянке к окну камеры и бросали в них гранаты. Госпожа Маннермаа разнервничалась, и Ванхала пытался её успокоилась. Спустя некоторое время дверь библиотеки была отперта. Красногвардейцы закрыли Ванхала в камеру.

5.7. Воскресное утро 28- го апреля

Артиллерийский огонь и перестрелка продолжались до утра. Ночью, между часом и тремя, в тюрьме было тише. Утром в общую камеру стреляли несколько раз, но никто не был ранен. Утром камера выглядела ужасающе. Около шести часов утра в коридоре послышался разговор, и через некоторое время голос из коридора спросил, есть есть ли живые. Когда красногвардейцы услышали, что в камере есть живые, то велели им выйти из камеры, несколько раз заверив, что никто не будет подвергнут насилию.

После недолгих переговоров оставшиеся в живых заключенные решили сдаться красным, даже с риском быть застреленными в коридоре. Помогая друг другу, заключенные вышли в коридор. Лицеист Пярнянен был тяжело ранен голову и умирал. Его красногвардейцы застрелили.

В то же самое время из церкви, находящейся на третьем этаже, стал спускаться магистр Виитанен, который, по-видимому, подумал, что белые пришли на помощь. Заметив свою ошибку, Виитанен попытался убежать, но тщетно - началась неистовая стрельба. Виитанен был тяжело ранен. Он пробежал по коридору женского отделения до камеры, скрылся там и через некоторое время умер.

Политических заключенных распределили по трём женским камерам, где они остались в неизвестности дожидаться решения своей судьбы.

5.8. Окончание трагедии

В воскресное утро 28- го апреля, в семь-восемь часов, в тюрьму приехал красный комиссар Эмиль Ихалайнен. Это был тот самый Ихалайнен, который прошлым утром приезжал в тюрьму в поисках оружия. Согласно его рассказу, Ихалайнен после посещения тюрьмы субботним утром находился, в основном, в центральной казарме и занимался доставкой продовольствия для своей семьи и других нуждающихся. Ночь, в которую были совершены убийства, он, по его словам, провел у себя дома. Проснувшись утром, около 6 часов утра, он отправился в казарму, где взял со склада 8 винтовок и 250 патронов, и отвез оружие в губернскую тюрьму. Прибыв туда, он увидел распахнутые двери и убитых. Вместе со своей группой, он взломал тюремный сейф и забрал оттуда всё ценное. С револьвером в руке Ихалайнен осмотрел цокольный этаж, но никого не нашёл. Когда кто-то выстрелил играючи в кучу валявшихся матрасов, из-под них показался Кекки, которому прошлой ночью удалось бежать из общей камеры. После этого Ихалайнен прошёл в женское отделение первого этажа, куда перевели сдавшихся политических заключенных. Гражданские лица и тюремный персонал находились во дворе тюрьмы, откуда их отправили в народную школу в Папула.
Сотрудник таможни Карл Карила в своих мемуарах вспоминает, что

Ихалайнен зашёл к ним в камеру. Кроме него в камере находились инженер Силтанен и некий житель деревни Саккола. В руке Ихалайнена был большой револьвер. Вот как Карила рассказывает о приходе Ихалайнена в камеру: "Он повернулся к инженеру Силтанену, сказав:"Не вы ли инженер Силтанен? Наверно вы не относились плохо к рабочим? Хотите умереть здесь или предочитаете пойти на фронт?" Инженер Силтанен ответил ему на это: "Я предпочитаю пойти на фронт." Тот же вопрос был задан и другим, находящимся в камере. Мы ответили, что предпочли бы умереть в открытом бою, чем как собаки в будке. Затем Ихалайнен зашёл в камеру напротив, где были закрыты остальные оставшиеся в живых политические заключенные. Там он задал такой же вопрос и получил такие же ответы."

После этого, примерно в 9 часов утра, Ихалайнен приказал заключенным выстроиться в тюремном коридоре. Заключенных решили вывести из тюрьмы. Эта процессия напоминала о событиях предыдущей ночи. Большинство заключенных были измазаны в крови, грязные, в одежде, разорванной осколками пуль и гранат в колчья; в группе было несколько раненых. Заключенные передвигались, поддерживая друг друга. К счастью, была найдена повозка с лошадью, куда погрузили тяжелораненых. По словам красного командира, сопровождавшего и охранявшего группу политических заключенных, их вели в медицинский пункт центральной казармы, для перевязки раненых. Остальная часть группы продолжила свой путь, и людей отвели сначала в гостиницу Андреа, где должен был бы находиться штаб Красной гвардии. Поскольку штаба там не оказалось, их отправили обратно в казарму и накормили. Раненые были доставлены в больницу. Сухари, предложенные красногвардейцами, были на удивление вкусными и, что было самым удивительным, сухарей разрешили взять с собой.

Находившиеся в центральной казарме красногвардейцы отнеслись к освобожденным с сочувствием и сожалели, что в их рядах были такие злодеи, как Кайпиайнен. По просьбе освобожденных Ихалайнен написал им пропуск, чтобы они могли свободно передвигаться по Выборгу. Было поставлено условие, что они должны были вернуться и записаться на общественные работы. В двенадцать часов оставшиеся в живых одинадцать политических заключенных вышли на свободу.

6. Расследование

Массовое убийство в губернской тюрьме было расследовано незамедлительно. Сразу после происшедшего была создана следственная рабочая группа. Её возглавил судья Фредрик Герольд в качестве председателя. Другими членами группы были назначены стажер надворного суда К. А. Патомяки и помощник городского прокурора Шёберг.

На следующей неделе во вторник, 30 апреля при проверке места происшествия на первом этаже тюрьмы в большом коридоре были найдены тела Строльмана, Тойкандера, Пярнянена, Тилля, Таллгрена, Пиетинена, Миелонена, Валя, Сведлина и Иконена. В камере № 14 обнаружили тела Альгрена и Кийски, а в камере № 7 тело Виитанена. В северном коридоре тюрьмы в общей камере нашли трупы Пухакка, Пелтола, Лийка, Похйола, Инкинена, Леппянена, Яяскеляйнена, Клинга, Кемппи, Каронена, Пярнянена и ещё двух неопознанных трупа.

В помещении надзирателей на цокольном этаже нашли тела Маннермаа, Пюлькканена и Лаакконена, а в караульной сторожа - труп Йокинена. Местоположения тел подтверждают воспоминания оставшихся в живых. Следственная группа допросила много свидетелей, которые находились в тюрьме во время трагедии. Были допрошены казначей Армас Саастамойнен, заместитель начальника тюрьмы Русама, Ялмари Сааринен, медсестра Хилья

Паавола и надзиратели Элин Корвенхеймо, Пекка Кяюхкё, Хейкки Хонканен, Арви Ряйсянен, Оскар Мёрскю и Микко Сухонен. Большинство из них опознали Ялмара Кайпиайнена и Альбина Писконена. Заключенная Генриикка Копонен была опознана как подстрекательница. Некоторые из допрошенных не присутствовали в тюрьме во время происходящего и ничего не видели. Показания Саастамойнена были самыми подробными.

Очевидец происшествия, получивший небольшие ранения, Карл Карила описывает эту проверку места происшествия в своих мемуарах. Он участвовал в ней как свидетель и помощник в опознании. Вместе с рабочей следственной группой работал фотограф.

Карила описал это в своих воспоминаниях так: *"Сначала провели осмотр тюремных ворот, около них было найдено пять или шесть пироксилиновых шашек. Было высказано мнение, что ворота хотели взорвать, если бы не было другой возможности попасть в тюрьму. Когда рабочая группа прошла через главный вход, в караулке надзирателей нашли труп Альфреда Маннермии. В канцелярии были взломаны все шкафы. Коридор первого этажа тюрьмы имел ужасающий вид.*

Повсюду валялись гильзы от патронов. Запах в коридоре был ужасный. Ближе к выходу лежал труп Строльмана, которого убили выстрелом в голову. Следующим было опознано тело начальника железнодорожной станции Тойкандера, на его теле было много следов от выстрелов, он

тоже был ограблен. Около него лежало тело лицеиста Пярнянена. Перед

дверью общей камеры опознали тело Тилля. Немного дальше по коридору недалеко друг от друга лежали тела Пиетинена, Таллгрена, Иконена и Миелонена. Когда мы вошли в камеру, мы увидели ужасное зрелище. Изуродованные тела были покрыты кровью и перьями. Некоторые члены группы и участники осмотра места преступления были вынуждены выйти в коридор из-за ужасного запаха. Я вошел в камеру один, чтобы осмотреть её. По мере опознания я сообщал судьям имена. Первыми, лежащими у входа, были Яяскеляйнен, Леппянен, Каронен и Кемппи. Пройдя дальше, я увидел голову, которая торчала из-под кровати. Это был владелец кожевенной фабрики Инкинен. В то же время я увидел отдельные части тела на кровати. Рассмотрев эти части тела более подробно, я понял, что они являются останками крестьянина Лийкки, нижняя часть туловища которого при взрыве гранаты была разорвана в клочья. Затем я подошел к окну, где лежал лицеист Похйола. Совсем рядом я увидел труп лейтенанта Пелтола, его живот был вспорот гранатой. Недалеко от них нашли тело магистра философии Пухакка, обезображенное разрывом гранаты. В углу, вперемешку, валялись трупы остальных".

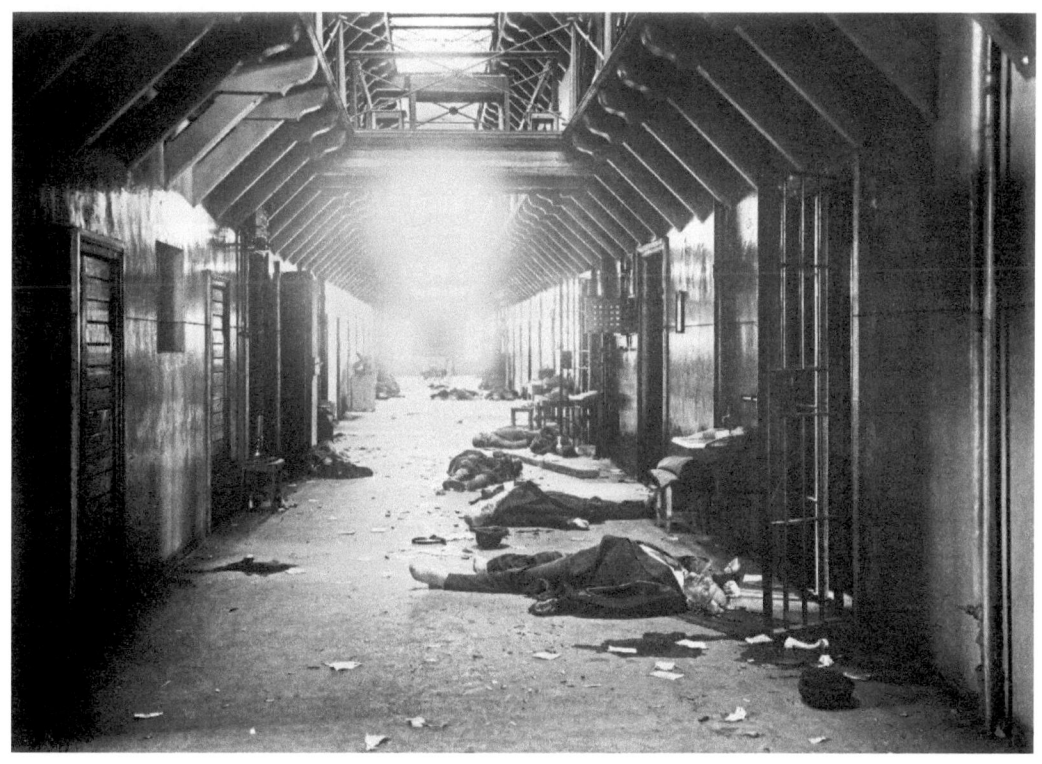

Первый этаж коридора губернской тюрьмы. На первом плане тело начальника тюрьмы Строльмана, далее от него трупы Тойкандера, Пярнянена и Тилля. Далее по коридору - трупы Валя и Сведлина. Фото: музейное управление.

Общая камера. Фото: музейное музейное управление.

В женском отделении тюрьмы было обнаружено тело Виитанена. При дальнейшем осмотре нашли в одной камере труп Кийски, а в другой - тело Альгрена. В канцелярии все шкафы были взломаны и опустошены. На цокольном этаже был такой же беспорядок. Мука, крупа и мясо, а также другие тюремные продукты были разбросаны по полу, залитые водой, и уже не пригодные уже к употреблению. Подвальные складские помещения были взломаны, а находящиеся внутри шкафы - сломаны. Везде валялась одежда. После осмотра тела убитых были собраны, вымыты и положены в гробы. Эту работу выполнила мать автора воспоминаний Ида Карлссон, которая тоже была членом комитета по расследованию.

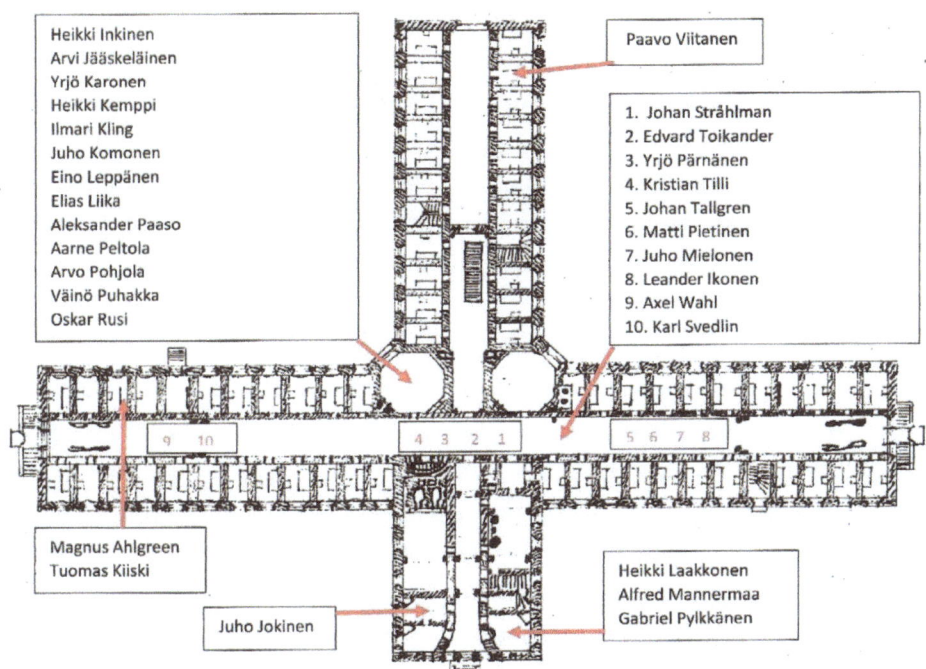

Расположение трупов убитых.

29 апреля арестованных красногвардейцев допросили.

Рабочий Мауно Сокура показал на допросе, что он присоединился к Красной гвардии в феврале и принял участие в боях при Тайпалсаари. Сокура признался, что он пришёл в губернскую тюрьму вечером 27 апреля по приказу Ялмара Кайпиайнена и находился сначала в карауле в коридоре, а затем по приказу стрелял в общую камеру, где находились политические заключенные. По словам допрошенного, в тюрьме находилось около двадцати красногвардейцев, из которых Сокура знал лично Альбина Лиукконена, Ээту Турунена и Тойво Маннинена.

Рабочий Тойво Маннинен показал на допросе, что его заставили вступить в Красную гвардию, а затем он попал в отряд к Кайпиайнену. Ночью, 28 апреля его разбудил Вальттер Лехмус, который сказал, что он стал командиром после Кайпиайнена и Писконена, и приказал Маннинену идти в тюрьму. Сначала он находился в карауле в тюремном дворе, и слышал выстрелы в здании тюрьмы. Далее он показал, что около двух часов ночи он прошёл в тюремный коридор, но не выстрелил ни одного раза, однако, видел, как Пекка Лейнонен и Юхо Кохонен, тоже находившиеся в коридоре, стреляли.

Рабочий Ээту Турунен рассказал, что вступил в Красную гвардию 2 апреля. В тюрьму он пришёл 27 апреля и сделал около пяти выстрелов в общую камеру. Другими стрелявшими, по его словам, были Маннинен, Лиукконен, Сокура и Писконен. Рабочий Альбин Лиукконен показал, что присоединился к Красной гвардии в начале апреля. Он рассказал, что придя вечером 27 апреля в тюрьму не сделал ни одного выстрела, но видел, что Кайпиайнен, Лехмус и Писконен стреляли много. Рабочий Элиас Корттинен показал на допросе, что его заставили вступить в Красную гвардию 19 апреля. Он прибыл в тюрьму вечером 28 апреля, когда трагедия уже закончилась.

Рабочий Ялмари Ахо рассказал, что его заставили вступить в Красную гвардию. Он был арестован 29 апреля, когда он нёс караул. Он ничего не знал о событиях в тюрьме.

Рабочий Эдвард Ахола дал на допросе такие же показания. Проходившие по этому делу свидетелями Карл Карила и медсестра Хилья Паавола опознали Сокура, Маннинена, Турунена и Лиукконена, а также показали, что эти люди находились в тюрьме во время происшествия.

В заключении, сделанном следственной рабочей группой и датированном 1 мая 1918 года, отмечено, что Маннинен, Турунен, Лиукконен и Сокура были причастны к преступлениям, совершенным в губернской тюрьме 27 - 28 апреля. По мнению следственной группы, улик против Арвида Сайко, Элиаса Корттинена, Ялмари Ахо и Эдварда Ахола не было найдено.

Другие красногвардейцы, находившиеся в тюрьме во время происшествия, не были допрошены, потому что на тот момент не были найдены. На основании постановления следственной группы Сокура, Маннинен, Турунен и Лиукконен были расстреляны 1 мая 1918 года. Других участников убийств в губернской тюрьме активно искали. После освобождения г. Выборга на помощь начальнику Выборгского местного штаба в первом прибывшем из г. Лаппеэнранта поезде приехали представители военного руководства Лаппеэнранты Владимир Киивери и Пекка Киннунен. Альбин Писконен и Пааво Вестеринен были опознаны в группе задержанных.

Допрос Альбина Писконена был формальным, поскольку его вина была очевидной. На допросе, проведенном 8 мая Писконен показал, что его заставили присоединиться к Красной гвардии 11 марта, хотя он и не одобрял её действия. Принимал участие в заданиях в Савитайпале, г. Лаппеэнранте и в г. Выборге, но никогда не участвовал в боях. На вопрос, был ли он в районе Папула 27 - 28 апреля Писконен ответил, что он был там только в предыдущий день в 10 часов утра. Через некоторое время он сознался, что был во дворе губернской тюрьмы, а чуть позже подтвердил, что был и в главном здании. Сначала Писконен утверждал, что у него все время была только одна винтовка, но потом признался, что у него ещё был в руке револьвер. Когда его спросили об именах других красногвардейцев, он сначала ответил, что ни с кем не был знаком, но затем сказал, что знал Лиукконена, Турунена и Маннинена и, возможно, других. Когда Писконену объяснили, что уже хорошо известно, что он руководил и стрелял, он отрицал своё командирство, но не стал отрицать, что стрелял.

Пааво Вестеринен тоже был допрошен. Он показал, что присоединился к

Красной гвардии в марте, поскольку красногвардейцам обещали хорошую зарплату. Согласно его рассказу, он участвовал в караулах. Вестеринен признался, что находился в губернской тюрьме с вечера 27 апреля до следующего утра. Писконен и Вестеринен были расстреляны через несколько дней после допроса.

Красный командир Ялмар Кайпиайнен, был ранен в плечо во время первой атаки заключенных. Кайпиайнен рассказал, что после ранения искал в коридоре вахтмистра Маннермаа, но упал в коридоре, и его унесли на носилках в госпиталь. Встретившаяся недалеко от тюрьмы медсестра перевязала его рану. По всей вероятности, Кайпиайнен был доставлен в гостиницу Суоми. По словам Хильмы Ниеминен, которая находилась рядом, Кайпиайнен был очень пьян и всё время хотел подняться с носилок, но через какое-то время успокоился. Эверт Кайпиайнен и Тойво Кангасмяки отвезли его в народную школу Мюллюмяки, где расположился госпиталь. Там он был оставлен для лечения. Провожатые вернулись в гостиницу в 12 часов ночи.

На следующее утро, 29 апреля, Кайпиайнен сообщил из госпиталя, что хочет вернуться в гостиницу. Мартта Хяннинен и Хильма Ниеминен вместе с Эвертом Кайпиайненом перевезли его на машине в гостиницу. Со второй половины дня и до начала вечера Кайпиайнен провел в своей комнате вместе с Марттой Хяннинен.
В семь часов утра из штаба Красной гвардии пришёл приказ об общем отступлении, согласно которому красногвардейцы должны были отойти в город Хамина в тот же день в девять часов вечера. Группа Кайпиайнена, в которую входили, кроме него самого, Эверт Кайпиайнен, Мартта Хяннинен, Ельза Каулио и Мартти Похйолайнен в половину девятого вечера выехала на машине из города. Однако группа красногвардейцев добралась только до района Тиенхаара, потому что водитель автомобиля ехать дальше отказался. Пришлось вернуться в Выборг. Ялмар Кайпиайнен и Мартта Хяннинен отправились в госпиталь.

Приехавшие из Лаппеэнранты активно искали Кайпиайнена. Они нашли многих, но не красного командира Кайпиайнена. Он был найден только 14 мая. Допросы начались 15 мая. На допросах Кайпиайнен рассказал, что прибыл со своими красногвардейцами из Лаппеэнранты в Выборг 24 апреля и остановился в гостинице Суоми. В следующую пятницу в старом замке состоялось общее собрание, где Кайпиайнен был назначен главой Восточного фронта. Однако во время допросов он утверждал, что не участвовал в командовании фронтом, если не считать организации доставки боеприпасов. В субботу он, согласно его рассказу на допросе, весь день пьянствовал. Он сообщил, что привёз крепкие напитки с собой из г. Лаппеэнранта.

Кайпиайнен сообщил, что во второй половине дня он заметил пожар в районе губернской тюрьмы. Он решил придти на помощь. Заехав в казармы, он взял с собой людей. Кайпиайнен рассказал, что, прибыв в тюрьму, он увидел горящие кучи дров. Однако, по словам Кайпиайнена, артиллерийский огонь бил в направлении тюрьмы. Несколько снарядов попало во двор тюрьмы, и поэтому он решил перевести заключенных в безопасное место. Прибыв с группой красногвардейцев к воротам тюрьмы, Кайпиайнен приказал сторожу открыть ворота. Сторож ворота не открыл. По словам Кайпиайнена, пока они ждали около ворот, к ним подошёл человек, работающий в столярной мастерской тюрьмы. Он рассказал им, что задние ворота открыты. Попав на территорию тюрьмы, они направились в канцелярию, где находились надзиратели. Кайпиайнен приказал открыть главные ворота, что и было сделано. В соответствии с протоколом судебного разбирательства, Кайпиайнен признал, что он приказал Маннермаа освободить заключенных из камер и всем заключенным выйти в коридор. В коридоре политические и уголовные заключенные были разделены на две группы. Уголовным заключенным Кайпиайнен приказал выдать с тюремного склада их одежду и заплатить за выполненную в тюрьме работу. Политическим заключенным было приказано разместиться в общей камере, но прежде чем их туда отвели, он допросил каждого о причине их задержания. Согласно протоколу допроса, Кайпиайнен признался, что застрелил из своего револьвера первого, кто заплакал и ответил отрицательно.

Согласно протоколу допроса Кайпиайнена, он крикнул находящимся в общей камере политическим заключенным, что им осталось жить двадцать пять минут, но лишь для того, чтобы поглумиться и попугать их. Он признался, что через некоторое время приказал мужчинам выйти в коридор. Вместе с тем в протоколе допроса он заверил, что у него не было намерения их убивать, а только поговорить с ними о причинах заключения по их же просьбе, утверждая, что их ещё никто не допрашивал. Согласно рассказу Кайпиайнена, он не успел поговорить, потому что красногвардейцы по своей инициативе начали стрельбу, и политические заключенные были убиты. Кайпиайнен утверждал, что дал строгий приказ не стрелять. После этого, судя по словам Кайпиайнена, он пошёл на цокольный этаж. Там находился начальник тюрьмы, а также группа женщин и детей. Кайпиайнен показал, что, тихо побеседовав с начальником тюрьмы, он заверил его, что их не тронут.

После этого Кайпиайнен, по его показаниям, вернулся на первый этаж и подошёл к двери общей камеры, чтобы попрощаться с заключенными. Открыв дверь, он почувствовал боль в правой руке. После этого он пошёл по коридору искать вахмистра Маннермаа, но упал, его подобрали и доставили в госпиталь. Кайпиайнен заявил, что пока он находился в тюрьме, никого больше не расстреливали, кроме тех, о которых он уже рассказал и вахмистра Альгрена, которого искали красногвардейцы его отряда. Найдя Альгрена, скрывающегося на цокольном этаже, они застрелили его. Кайпиайнен заверил, что он и его красногвардейцы не были пьяны, когда пришли в тюрьму, а два литра коньяка он дал своим людям только в тюрьме.

Вместе с Ялмаром Кайпиайненом были допрошены Мартта Хяннинен,

Хильма Ниеминен и Эверт Кайпиайнен. Эверт показал, что он сражался в Красной гвардии на фронте в Йоутсено. В губернской тюрьме Эверт не был.

Анна Кайпиайнен, мать Ялмара и Эверта, приехавшая в Выборг для встречи с сыновьями, тоже была допрошена. Она рассказала, что приехала 18 мая по поддельному пропуску в город, чтобы привезти сыну Эверту чистое бельё. 21 мая она без особых проблем попала к Ялмару в госпиталь. Сын велел ей забрать его одежду, пальто, пиджак и жилетку домой. 23 мая, после окончания допросов Ялмар Кайпиайнен был вынесен на нарах во двор больницы и расстрелян.

Эверта Кайпиайнена расстреляли в тюремном лагере 16 июня, Мартта Хяннинен была приговорена к пяти годам тюремного заключения и на восемь лет лишена гражданских прав.

Рабочий Эмиль Ихалайнен был бывшим заключенным. Первый раз он попал в тюрьму в возрасте пятнадцати лет. В тюрьме он сидел четыре раза. Свои сроки он получил за кражи и хранение украденных вещей. Он был освобожден из губернской тюрьмы 8 марта по решению красногвардейского начальства. После освобождения Ихалайнен немедленно присоединился к Красной гвардии. Он быстро освоился и скоро стал командиром. Он вернулся в г. Выборг не позднее 26 апреля. Известно, что он разыскивал тюремного священника Фримана, чтобы расстрелять его. Ихалайнен приходил в губернскую тюрьму дважды. Субботним утром 27 апреля он приходил, чтобы забрать оружие у служащих губернской тюрьмы. В следующий раз он появился в губернской тюрьме 28 апреля в первой половине дня. Ночью в тюрьме его не видели.

Ихалайнен прятался в городе во время его захвата, в подвале на улице Ниилонкату, и избежал первой волны расстрелов. Когда его схватили, он не сказал ни о своих тюремных сроках, ни о своей командной должности в

Красной гвардии, но поведал, что всего лишь служил караульным. У членов следственной группы, работавших в спешке и напряжении, его ложные показания не вызвали подозрения. На руках у него не было ни справки об отсутствии судимости, ни церковного свидетельства. Члены группы ничего о нем не знали. Постепенно прошлое Ихалайнена и его роль в Красной гвардии начали всплывать. Стала понятна его связь с событиями в губернской тюрьме.

Ихалайнена допрашивали долго, продолжительным было рассмотрение его дела в государственной полиции Финляндии. Причиной этому могло быть то, что другие участники преступления в губернской тюрьме уже были расстреляны, и комиссия рассматривала события в губернской тюрьме более подробно. Ихалайнен же мог о них рассказать многое. Наконец, 11 октября 1918 года Ихалайнен решением государственного суда был приговорен к смертной казни за государственную измену, а также за кражу оружия и поломке сейфа в губернской тюрьме. Два члена суда государстенной безопасности требовали, что бы в решении суда было записано, что кража оружия утром 27 апреля была произведена с целью обезоружить надзирателей и сделать их не способными защищать политических заключенных и самих себя. Решением суда приговор был изменен на пожизненное заключение. Ихалайнена освободили в 1920-х годах по амнистии.

6.1. Расследование действий тюремного персонала

Расследования были проведены также среди работников губернской тюрьмы в качестве свидетелей. Следствие сосредоточилось на участии тюремного персонала в гражданской войне, а не на его действиях во время убийств в тюрьме 27 - 28 апреля.
Последние события были расследованы на заседании тюремного правления

21 мая. На этом собрании обсуждались деятельность, выборы комиссара и тюремного совета. Обвинительный иск был предъявлен комиссару Ярвенпяя и заместителю комиссара Ниемеля, а также ряду сотрудников, которые участвовали в работе совета или действовали по приказу тюремного совета или комиссара.

Разбирательство было продолжено в 145 отделении административного суда, который вынес свой приговор 8 ноября. Август Ярвенпяя, исполнявший обязанности комиссара, был приговорен к четырём годам содержания под стражей, потере гражданских прав на шесть лет и утрате должности в губернской тюрьме. В своем решении суд счёл доказанным, что "когда в январе 1918 года в стране начался мятеж, и часть мятежников с намерением незаконно свергнуть законное правительство, под именем Совета народных уполномоченных Финляндии, провозгласила себя правительством страны и взяла на себя роль парламента и правительства, подсудимый был выбран членом тюремного совета и комиссаром Выборгской губернской тюрьмы и, следовательно, незаконно управлял работой последней, за что суд осуждает Ярвенпяя по статье" пособничество в государственной измене." Помощника комиссара Ниемеля осудили на три года лишения свободы, а гражданских прав - на пять лет. Другие восемь человек получили по два года условно и были лишены гражданских прав на пять лет. Все судебные сроки были даны за работу комиссаром, заместителем комиссара и членство в тюремном совете.

Действия персонала во время событий 27 - 28 апреля расследованы не были. Остались нерасследованными причины попадания на территорию тюрьмы красноармейцев во главе с Кайпиайненом, а также вопросы, как и почему Ихалайнену удалось получить оружие у служащих тюрьмы 27 апреля и были ли в ночь трагедии совершены служебные ошибки.

Расследование было возможным, потому что первостепенной задачей работников тюрьмы являлись поддержка порядка в тюрьме, предотвращение проникновения посторонних лиц на территорию тюрьмы и предупреждение побегов заключённых. Во время гражданской войны, если не считать событий 27 - 28 апреля, повседневная работа тюрьмы и порядок в ней осуществлялись достаточно хорошо. Это было возможным, главным образом, потому, что во время гражданской войны тюремный персонал - в основном надзиратели - остались выполнять свои рабочие обязанности и, таким образом, обеспечили нормальную работу тюрьмы.

В этой связи следует отметить, что по предложению главного начальника тюремного управления К. Й. Лонга министр юстиции Такселл в 1981 году представил к награде крестом последнего оставшегося в живых члена тюремного правления центральной тюрьмы г. Хельсинки Ойва Хилтунена за его заслуги в тюремном деле. По словам Лонга, если бы профессионалы тюремной работы не остались на своих рабочих местах, человеческие жизни и имущество тюрем были в опасности и могли попасть в руки находящемуся под воздействием революционного импульса непросвещенному народу. Предоставление наградного креста Хилтунену стало восстановлением чести всех тюремных служащих, осужденных государственным судом, а также всех остальных работников, находившихся на своих рабочих постах в тюрьмах во время гражданской войны и впоследствии по-разному осужденных за это.

7. Наказание виновных

В ночь с 27 на 28 апреля белые освободили юго-восточные районы Коликкоинмяки и Паттеримяки города Выборга. На следующий день центр города был отвоёван квартал за кварталом. Освобождение западных районов закончилось капитуляцией красногвардейских частей красных на рассвете 29 апреля.

После освобождения города в Выборге царил беспорядок. Военные войска и солдаты перемещались по городу, осматривая здания и разыскивая красногвардейцев. Проводились обыски. В восточных районах все еще велись перестрелки. Прячущиеся в зданиях красногвардейцы расстреливали идущих по улицам белых. Пьяные солдаты егерского полка устраивали беспорядки и нелепые перестрелки. Некоторые группы военных могли по приказу своего командира расстрелять на улице случайно арестованых людей. Полевыми судами, которые устраивали командиры белых подразделений и шюцкоры, сразу после окончания боевых действий, были допрошены и расстреляны десятки людей.

Под руководством назначенного комендантом г. Выборга Густава Финне на территории города работали шестьдесят отрядов военно-полевых судов. На допросах записывали главным образом личные данные. Виновные делились на три группы. В первую группу записывали начальников, командиров, подстрекателей, снайперов, убийц, грабителей, и тому подобных. Во вторую и третью группы заносили виновных в менее тяжких преступлениях. В первую группу были занесены 361 мужчина и 8 женщин. Из них расстреляли 247 человек. Остальных спас дошедший до Выборга 23 мая запрет на расстрел задержанных красногвардейцев.

Не все участники убийств в губернской тюрьме были найдены и осуждены. Например, красногвардеец Вальттер Лехмус, упоминаемый в протоколах допросов. Однако в других списках его имени не значилось. Возможно, что в списках нет и других имен. Красногвардейцы, находившиеся в губернской тюрьме во время убийств, почти все были приговорены к смертной казни. Только Эмиль Ихалайнен и Юхо Кохонен получили пожизненное заключение. Следует иметь в виду, что многие из тех, кто был причастен к этим убийствам, могли участвовать и в других преступлениях.

В списках расстрелянных нет ни одной женщины, но нельзя с уверенностью утверждать, что ни одна не была расстреляна, поскольку в документации присутствует много пробелов и неточностей. Женщины непосредственно в убийствах не участвовали, но их роль подстрекательниц, советчиц и гонцов не может быть недооценена. В частности, в документах упоминается имя Хельми Хенриикка Копонен, которую подозревали в том, что она, находясь в гладильне тюрьмы вместе с Хильмой Рууту и Лююти Торопайнен, ещё до начала убийств написала послание Кайпиайнену. На допросах были получены сведения, что во время трагедии вместе с красным командиром Кайпиайненом она искала политических заключенных. Также упоминалось, что Копонен принимала активное участие в поиске вахмистра Альгрена. В материалах допросов есть сведения, что во время расстрела начальника тюрьмы Строльмана Копонен подстрекательски кричала: "Стреляйте в голову!"

Инструкции комендатуры г. Выборга гласили: «Если будет установлено, что в числе задержанных есть освобожденные красными от тюремного заключения, их участие в Красной гвардии должно быть расследовано, и они должны быть отдельным этапом отправлены в соответствующую тюрьму с сопровождающим их заключчнением о расследовании». Возможно, что некоторые женщины заключённые были отправлены обратно в тюрьму, где им и удалось избежать наказания. Может быть, их роль как подстрекателей не была оценена соответствующим образом.

Также предполагается, что так называемая "лыжная шайка" из прихода Тайпалсаари, совершавшая грабежи, воровство, поджоги и убийства в приходах Тайпалсаари, Лапее и Савитайпале, также была бы причастна к убийствам в тюрьме. В этой шайке было 14 человек. Её возглавлял Эверт Тикка. 25 апреля "лыжная шайка" отступила через г. Лаппеэнранта в г. Выборг и остановилась в казармах Папула. Эта информация основана главным образом на протоколе допроса члена этой разбойной группы Эверта Раутио, составленного 3 июля в тюремном лагере Таммисаари. Раутио показал, что убийство в тюрьме произошло, вероятно, между четырьмя и шестью часов вечера, за два дня до того, как город был освобожден белыми. По словам Раутио, в семь часов он встретил в столовой казармы Гилмера Воланена. Воланен рассказал, что был в тюрьме, где совершены убийства и освобождены 115 заключенных, которые согласились примкнуть к красногвардейцам. Раутио

был почти уверен, что "лыжная шайка" была причастна к убийствам. В протоколе допроса Раутио упоминает, что самыми отъявленными в шайке были сам Тикка и братья Нурминены, а также Микко Хейккинен, Киннунен и Пакканен.

Член разбойной группы "лыжная шайка" Антеро Пююмяки показал на допросах, что их группа была разбросана по всему Выборгу, хотя и жила в казармах Папула. Он рассказал, что сам участвовал в боях у моста Папула. Относительно убийств он показал, что в них скорей всего участвовали Воланен и Пакканен. Красногвардеец из деревни Рутола прихода Лаппеэ Эмиль Пааккари, сооообщил, что в убийствах в тюрьме участвовали Пауль Ярвинен и Вильхо Коппо. Ни один из них не был осужден. Из них - Эверт Тикка исчез, а Вяйнё Пакканен был казнён 5 мая 1918 года. Причастность Гилмера Воланена, братьев Эрланда и Ялмара Нурминена, а также Пааво Киннунена к убийствам, в документах высшего суда по государственным преступлениям не отмечена.

В документах Микко Хейккинена есть заявление ленсмана приходов Леми и Тайпалсаари от 11 ноября 1920 года, адресованное канцлеру юстиции о причастности Хейккинена к убийствам в приходах Леми и Савитайпале. В заявлении ленсмана сказано, что на допросах не было выявлено никаких конкретных доказательств об участии Хейккинена в убийствах. Относительно убийств в губернской тюрьме, пишет ленсман, весьма вероятно, что

Хейккинен в них мог участвовать. В заявлении ленсмана сказано далее, что он допросил всех, находящихся в условном освобождении и упомянутых в протоколе допроса Раутио, и все они категорически отказались от причастности к убийствам в губернской тюрьме и не знали, был ли там Хейккинен.

Согласно документам понятно, что участники так называемой "лыжной шайки" жили во время событий в казармах Папула и, возможно, участвовали в боях у моста Папула и на территории губернской тюрьмы. Однако, их причастность к убийствам в тюрьме не может быть достоверно определена.

Лица, причастные к убийствам в губернской тюрьмы 27 - 28 апреля 1918 года

Имя	Дата рождения	Место проживания	Професс ия	Гражда нский статус	Время смерти	Основной источник информации
Ялмар Кайпиайнен	15.11.1888	Йоутсено	рабочий	холост	23.05.1918	Ek Valpo AMp 2778 расстрелян
Альбин Писконен	1891	Лаппеэ	рабочий		15.05.1918	Ek Valpo AMp 2778 расстрелян
Калле Гуомо	27.03.1894	Лаппеэ	рабочий	холост	05.05.1918	EK Valpo AMp 388 расстрелян
Эмиль Ихалайнен	05.03.1893	Выборг	рабочий	женат	пожизненное заключение	VRYO 27153
Хейкки Карппинен	30.11.1873	Пюхтяя	рабочий	женат	25.05.1918	Марко Тикка расстрелян
Рафаэль Киммо	05.02.1885	Выборг	рабочий	холост	03.05.1918	VRYO 27153 расстрелян

Райнер Киммо	09.03.1887	Выборг	рабочий	холост	03.05.1918	VRYO 27153 расстрелян
Юхо Кохонен	24.06.1893	Лаппеэ	рабочий	холост	12 лет заключения	VRYO 17929
Элиас Корттинен	02.06.1876	Савитайпале	рабочий	женат	07.05.1918	Ek Valpo AMp 2778 расстрелян
Пекка Лейнонен	1893	Импилахти			май 1918	Ek Valpo AMp 2778 расстрелян
Альбин Лиукконен	?.10.1897	Лаппеэ	рабочий		01.05.1918	Ek Valpo AMp 2778 расстрелян
Тойво Маннинен	03.07.1896	Лаппеэ	рабочий		01.05.1918	Ek Valpo AMp 2778 расстрелян
Пекка Миеттинен	28.03.1879	Йоутсено	рабочий		01.05.1918	Карл Карила
Мауно Сокура	30.01.1897	Лаппеэ	рабочий		01.05.1918	Ek Valpo AMp 2778 расстрелян
Ээту Турунен	26.05.1899	Лаппеэнранта	рабочий		01.05.1918	Ek Valpo AMp 2778 расстрелян
Вильям Вестеринен	09.10.1890	Лаппеэ	рабочий		15.05.1918	Марко Тикка расстрелян

8. Убитые в губернской тюрьме

27 - 28 апреля в губернской тюрьме было убито 30 человек. 21 из них были политическими заключенными, 6 - тюремным персоналом, 2 - уголовными заключенными и один - беженец. Убитые политические заключенные: Иконен, Инкинен, Яяскеляйнен, Каронен, Кемппи, Кийски, Клинг, Леппянен, Лийкка, Миелонен, Паасо, Пелтола, Пиетинен, Похйола, Пухакка, Пярнянен, Ромонен, Сведлин, Таллгрен, Тилли и Валь. Убитый тюремный персонал: Альгрен, Йокинен, Лаакконен, Маннермаа, Пюлькканен и Строльман.

Магнус Альгрен (Magnus Ahlgren). Тюремный вахмистр. 44 года.

Род. 16.02.1874, Ханкониеми. Закончил народную школу. В 1895 - 1899 гг. работал трамвайным кондуктором в г. Гельсингфорс. Работал продавцом в Ламми, там же позже был стал владельцем магазина. В 1893 - 1894 гг. проходил стажировку в тюрьме г. Гельсингфорс, после чего переехал в г. Вааса, где работал в губернской тюрьме начальником охраны. В 1907 г. перевелся в Выборг на должность начальника охранной службы, где пытался улучшить условия содержания заключенных, занимаясь вопросами питания и здравоохранения. Будучи начальником охранной службы он часто разбирался с проблемами поведения трудных заключенных, и поэтому заключённые его не любили. Увлекался фотографией. Любил природу, увлекался цветоводством. После смены власти в 1918 году отказался остаться на службе. Был взят под стражу и доставлен в штаб Красной гвардии, был освобожден через девять дней, и ему разрешили жить в казенной квартире. В день трагедии находился в цокольном этаже тюрьмы, где был найден красногвардейцами и расстрелян одним из первых. Похоронен 11.05.1918 в Выборге. Жена: Александра Мёккяля, 3.07.1876.

Леандер Иконен (Leander Ikonen). Архитектор. 57 лет.

Род. 14.10.1860, Йоройнен, дер. Хяюриля. Окончил реальную гимназии в г. Куопио. В 1883 году окончил Политехническое училище. В 1883 -1886 гг. - архитектор Главного управления общественных зданий. В 1886 - 1896 гг. - ректор промышленного училища в г. Куопио и в 1898 -1918 гг. - ректор промышленного училища в г. Выборг. Был с 1901 по 1912 год поверенным в фирме А. Виклунда. Президент рабочего объединения ассоциации рабочих Куопио и председатель комитета призрения бедных города Куопио в течение нескольких лет. Несколько лет был главным редактором газеты Виипури-лехти. Член Выборгского городского совета и финансовой комиссии. Депутат Сейма 1917 года от Финской партии. Продолжительное время - председатель правления Выборгской школы совместного обучения. Председатель Технического общества Карелии. Президент Гражданского Союза Карелии. Задержан 31.01.1918. Похоронен 11.5.1918 в Выборге. Жена: Йенню Матильда Виклунд.

Хейкки Инкинен (Heikki Inkinen). Фабрикант. 32 года.

Род. 13.6.1885, Кирву. В 1898 году окончил сельскую школу и в 1907 году школу кожевенного дела в Тампере. Работал вместе со своим отцом на кожевенном предприятии в Кирву. В 1917 году преобразовал кожевенное предприятие в акционерное общество, став его генеральным директором в Выборге. В 1915 - 1917 гг. - генеральный директор пожарной компании в Кирву. Почти 10 лет - волостной секретарь в Кирву. Увлекался спортивной гимнастикой. Был основателем общества щюцкоров в Кирву, отвечал за приобретение оружия. В начале гражданской войны участвовал в боях при Кямяря. Занимался доставкой продовольствия и боеприпасов, подвергая свою жизнь опасности и курсируя через красногвардейские заставы. Похоронен 10.5.1918 в братской могиле в Кирву. Жена: Айно Вуори, род. 14.03.1894.

Юхо Йокинен (Juho Jokinen). Тюремный надзиратель. 45 лет.

Род. 27.02.1873, Янаккала. В 1895 году по жребию определен в Финской драгунский полк, закончил службу в 1898 году. В 1899, 1904 и 1905 - 1906 гг. работал помощником надзирателя в г. Гельсингфорс. В 1906 – 1910 гг. на постоянной должности дополнительного надзирателя в тюрьме г.

Гельсингфорс. В 1915 году переехал со семьей из г. Лаппеэнранта в Выборг, став надзирателем губернской тюрьмы. Имел шесть детей. Похоронен в Выборге. Жена: Эльвира Оксанен.

Арви Яяскеляйнен (Arvi Jääskeläinen). Сыщик-детектив. 24 года.

Род. 23.07.1893. Проживал в Выборге. Был женат.

Юрьйё Каронен (Yrjö Karonen). Студент. 19 лет.

Род. 14.08.1898, Луумяки. В 1917 году. окончил финский классический лицей г.Выборга. В том же году поступил стажёром на железнодорожную станцию и получил профессию телеграфиста. Работал на станции Кямяря исполняющим обязанности поездного диспетчера. Занимался спортом и, в частности, шахматами. В 1917 году вступил в общество шюцкоров г. Выборга. Задержан красногвардейцами 16 марта. Похоронен 4.05.1918 в частной могиле на новом кладбище в Выборге. Был холост.

Хейкки Кемппи (Heikki Kemppi). Сторож. 45 лет.

Род. 1.02.1873, Муола. Проживал в Муола. Был женат.

Туомас Кийски (Tuomas Kiiski). Крестьянин-землевладелец. 40 лет.

Род. 5.01.1878, Муола. Проживал в приходе Муола. Был женат.

Илмари Клинг (Ilmari Kling). Сын крестьянина-землевладельца. 16 лет.

Род. 23.4.1901, Кивеннапа. В 1913 году окончил народную школу в деревне Виксанлахти прихода Саккола. С детства в сельскохозяйственном деле. Состоял в молодежной общественной организации Нуорисосеура. Писал стихи. В 1917 вступил в организацию щюцкоров в Саккола. Участвовал в боях против карателей в Кивимяки. Задержан в Выборге 21 января. Медаль I степени за участие в Освободительной войне, медаль за участие в боях при Веняянсаари и памятная медаль. Похоронен 12.5.1918 в братской могиле в Саккола. Был холост.

Юхо Комонен (Juho Komonen). Сын крестьянина-землевладельца. 21 год.

Род. 5.06.1896, Вуоксела. После двух лет учёбы в народной школе начал заниматься сельским хозяйством. В 1917 году вступил в организацию щюцкоров волости Саккола, где состоял членом местного подразделения в Вуоксела. Задержан в Выборге. Похоронен 13.05.1918 в Вуоксела. Был холост.

Хейкки Лаакконен (Heikki Laakkonen). Надзиратель. 44 года.

Род. 16.06.1873, Куопио. В молодости занимался сельским хозяйством. В 1895 - 1898 гг. служил в 3-ем лейб-гвардии стрелковом Финском батальоне. 30.10.1897 повышен в чин ефрейтора. С сентября 1898 года по октябрь 1902 года работал медбратом в доме для душевнобольных в Ниуванниеми, а с ноября 1902 года по декабрь 1908 года работал в той же должности в Леппявирта. С 1909 года работал надзирателем в губернской тюрьме г. Куопио. Сопровождал тюремный вагон с заключенными в г. Гельсингфорс, на обратной дороге был задержан и доставлен в губернскую тюрьму. Похоронен в Куопио. Жена: Эвелиина, род. 1877.

Эйно Леппянен (Eino Leppänen). Вице-судья. 30 лет.

Род. 1.11.1887, Киихтелюсваара. В 1906 году окончил классический лицей в Йоэнсуу. В 1909 году получил юридическое образование и в том же году поступил на стажировку в Выборгский надворный суд. В 1912 году получил звание вице-судьи. В 1913 году основал адвокатскую контору в Выборге, в которой работал до самой смерти. Был членом совета директоров в акционерном обществе Аувинен и юридическим помощником в газете Карьялан Аамулехти. Состоял в клубе собаководства Кеннелклуби в Выборге. Был охотником. Член общества шюцкоров. Задержан в Выборге в первые дни гражданской войны. Похоронен 11.05.1918 в Выборге. Был помолвлен.

Элиас Лийкка (Elias Liikka). Крестьянин-землевладелец. 59 лет.

Род. 3.2.1860, Нуйаямаа. Проживал в Нуйаямаа. Был женат.

Альфред Маннермаа (Alfred Mannermaa). Тюремный вахмистр. 38 лет.

Род. 21.05.1880, Выборг. Окончил три класса Выборгского шведского лицея, из которого ушел в 1897 году. В 1897 - 1907 гг. работал конторским служащим в различных предприятиях г. Выборг. Десять лет был актером Выборгского рабочего театра, в театре Маасеутутеаттери, в последние годы жизни играл Выборгском любительском театре под открытым небом. Принадлежал к выборгскому отделению партии Нуорсуомалайсет, где был членом агитационного комитета. Был единственным работником начальственного звена губернской тюрьмы, продолжившим работу при смене власти. Был известен как миролюбивый и гуманный работник. Похоронен в общей могиле в Выборге. Жена: Дагмар Итконен, род. 3.01.1879.

Юхо Миелонен (Juho Mielonen). Фермер. 60 лет.

Род. 15.08.1858, Куркийоки Корписаари. Имел ребёнка. Был женат.

Александер Паасо (Aleksander Paaso). Крестьянин-землевладелец. 25 лет.

Род. 8.07.1893, Саккола. В 1907 году окончил народную школу в дер. Хапарайнен в волости Саккола. Работал фермером у отца в дер. Келья. Был председателем правления молодежного общества Нуорисосеура в Хапарайнен. В 1917 году вступил в организацию щюцкоров Хапарайнен. Принимал участие в боях под Выборгом, где был взят в плен 23 января 1918 года. Находился в заключении в нескольких тюрьмах, в конце войны был переведён в губернскую тюрьму. Похоронен 8.05.1918 в братской могиле в Саккола. Жена: Ловииса Каллонен, род. 3.09.1893.

Аарне Пелтола (Aarne Peltola). Лейтенант. 22 года.

Род. 25.07.1895, Выборг. Окончил 7 классов финской общей школы в волости Коувола. В 1915 году завершил курс Владимирского военного училища в Санкт-Петербурге. Участвовал в Первой мировой войне. Дважды ранен. Произведен в лейтенанты. Был заядлым спортсменом и членом спортивного общества Коуволан урхейлият. Будучи членом организации щюцкоров занимался поставкой оружия в Выборг. В начале гражданской войны задержан красногвардейцами. Похоронен 11.05.1918 в Выборге. Был холост.

Матти Пиетинен (Matti Pietinen). Фабрикант. 59 лет.

Род. 3.03.1859, Сумиайнен. Окончил народную школу. В 1881 году окончил учительский семинар в г. Ювяскюля. В 1882 - 1892 гг. работал учителем в народной школе в приходе Сяккиярви. В 1886 - 1892 гг. был владелецем столярной мастерской в Сяккиярви. Был председателем волостного собрания Сяккиярви. В 1891 - 1918 гг. был владельцем мебельной фабрики в Выборге. В 1904 - 1906 гг. - член Сейма, представитель мещанского сословия. В 1917 году основывает акционерное общество Матти Пиетинен АО и становится председателем правления. Занимался покупкой и продажей недвижимости. Был членом Выборгского городского совета. Был председателем совета издательства Карьяла. В 1910 - 1914 гг. депутат парламента от партии Нуорсуомалайнен. Похоронен в Выборге. Жена: Ида Виртанен.

Арво Похйола (Arvo Pohjola). Лицеист. 19 лет.

Род. 19.09.1900, Выборг. Учился в Выборгском финском лицее. Был членом организации скаутов. 17 марта 1918 года задержан за провоз оружия и приговорён революционным судом к шести месяцам лишения свободы. Похоронен 4.05.1918 в семейной могиле на Сорвальском кладбище в Выборге.

Вяйнё Пухакка (Väinö Puhakka). Магистр философии. 30 лет.

Род. 29.09.1887, Яяски. В 1906 году окончил Финский классическин лицей в Выборге. В 1912 году окончил университет и получил место ассистента на опытной станции Оняс в Тиккурила, где проработал до 1916 года. Совершил две учебные поездки в Германию и Швецию. Во время учёбы в университете был куратором Выборгского студенческого землячества. Был секретарём

Выборгского сельскохозяйственного общества и Выборгского отделения Гражданского союза Карелии. Активно участвовал в работе в молодёжного общества Нуорисосеура и краеведческого общества в своей родной деревне. Опубликовал книгу "История сельскохозяйственного общества Выборгской губернии в 1847 - 1868 гг." Увлекался филателией. Арестован в канцелярии Гражданского союза Карелии 31 января 1918 года и доставлен в губернскую тюрьму. Похоронен 12.05.1918 в Яяски. Жена: Айно Хаккарайнен, род. 8.9.1912.

Габриэль Пюльккянен (Gabriel Pylkkänen). Надзиратель. 64 года.

Род. 10.05.1854, Юва, Майваласа. В 1903 году семья переехала в Выборг. Жил в Выборге со своей семьей в районе Папула. В семье было пять детей. Похоронен 11.05.1918 в братской могиле в Выборге. Жена: Ловииса Хямяляйнен.

Юрьйё Пярнянен (Yrjö Pärnänen). Лицеист. 15 лет.

Род. 2.10.1902, Петербург. Осенью 1913 года окончив 4 класса народной школы в Мюллюмяки поступил в Выборгский финский лицей, где учился до 1916 года. После ухода из лицея работал в конторе Виллиама Отсакорпи. В 1917 году вернулся в лицей. Был членом общественной организации щюцкоров, принимал участие в стычке 22 января 1918 года. Был несколько раз задержан красногвардейцами. Последний раз задержан в Выборге в районе Хиекка 17 марта при попытке провоза оружия. Был доставлен в шведский лицей, где приговорен Выборгским революционным судом к 6 месяцам принудительных работ и переведен в губернскую тюрьму. Похоронен 11.05.1918 в братской могиле в Выборге.

Оскар Руси (Oskar Rusi). Кресьянин-собственник. 30 лет.

Род. 4.6.1887, Койвисто. Проживал в волости Койвисто. Был женат.

Йухан Строльман (Johan Stråhlman). Начальник тюрьмы. 51 год.

Род. 3.10.1866, Сяяминки. В 1887 году окончил Выборгский шведский лицей. Сдал экзамен в 1894 году, прослушав курс административных и экономических дисциплин. В 1894 году получил должность сверхштатного губернского канцеляриста в Выборгском губернском правлении. В 1897 году поступил стажером в губернскую тюрьму, с декабря 1897 года сверхштатный служащий тюремного управления. В 1898 году - экономист исправительного заведения в Койвула. С 1898 по 1899 год сверхштатный служащий в тюрьме г. Турку. С 1914 по 1917 - исполняющий обязанности начальника Выборгской губернской тюрьмы. 23 февраля 1917 года назначен начальником губернской тюрьмы в г. Оулу, а 24 сентября 1917 назначен начальником Выборгской губернской тюрьмы. Похоронен 11.05.1918 в Выборге. Жена: Альма Эмилия Энглунд.

Карл Сведлин (Karl Svedlin). Учащийся. 19 лет.

Род. 8.07.1899, Яаккима. Окончил народную школу. Когда началась гражданская война учился в Выборгском торговом училище. Был членом Выборгской организации щюцкоров. Проживал в Выборге. Был 4 раза арестован за принадлежность к организации щюцкоров и за попытку купить оружие. Был обманут товарищем, арестован и залкючён в губернскую тюрьму. Похоронен 11.05.1918 года в братской могиле в Выборге. Был холост.

Йухан Таллгрен (Johan Tallgren). Дистанционный начальник. 49 лет, Выборг.

Род. 7.04.1868, Гельсингфорс. Окончил реальную гимназию в Гельсингфорсе. В 1886 -1890 гг. учится на инженерном факультете Политехнического училища. Сразу после завершения учёбы стал помощником инженера на железнодорожной станции в Карьяла, где проработал с 1890 по 1894 год. Был переведён дистанционным начальником в г. Выборг. Был членом многих профсоюзных и других организаций. Арестован красными 31 января 1918 года на железнодорожном мосту Папула, хотя ему было разрешено свободно перемещаться по территории железнодорожной станции. Доставили в полицейский участок, а затем в шведский лицей, где Выборгский революционный суд 22 марта 1918 года приговорил его к штрафу в размере 10 000 финских марок, и лишил на три года права на работу, поскольку он не признавал революционного правительства. Был переведен в губернскую тюрьму. Похоронен 14.05.1918 на старом кладбище в Гельсингфорсе. Жена: Бертта Ядер, род. 2.03.1870.

Кристиан Тилли (Kristian Tilli). Вахмистр. 57 лет. Выборг.

Род. 3.02.1861, Салменкюля, Вехкалахти. Окончил народную школу в Хусула. В 1879 - 1902 гг. музыкант в 3-ем лейб-гвардии Финском стрелковом батальоне, откуда уволился в чине фельдфебеля. Десять лет работал дирижёром в Выборгской Свободной Пожарной команде и два года в Выборгском оркестре духовых инструментов Мусиикин юстявят. В 1904 году был принят вахмистром в Выборгский дом призрения. Был любителем музыки и пения. Подрабатывал скрипачом в городском театре. Арестован 8 февраля 1818 года в Выборге. Жена: Серафиина Корхонен, род. 1.06.1867.

Эдвард Тоийкандер (Edvard Toijkander). Начальник железнодорожной станции. 53 года.

Род. 15.02.1865, Выборг. Окончил финскую церковную школу в Петербурге. В 1882 году Выборгское финское реальное училище. В 1884 году пошёл добровольцем в Выборгский батальон, откуда унтер-офицером 30 сентября 1865 года был направлен на офицерские курсы в кадетское училище в г. Хамина. 17 августа 1886 года получил звание подпоручика. С 1887 по 1892 год находился на постоянной службе. В 1890 году перешёл стажером на государственные железные дороги. Работал телеграфистом и писарем. В 1910 году получил должность начальника железнодорожной станции Вуоксенниска. В 1896 году был назначен председателем правления народной школы в Райвола. В 1917 году вступил в организацию щюцкоров. В конце 1917 года переехал в Выборг, где получил должность в инспекции дорожного движения. Был арестован во время ноябрьской забастовки, но был освобожден. Не смог вернуться в Вуоксенниска и был вынужден остаться в Выборге, где жил в семье начальника тюрьмы Строльмана. Был похоронен 11.05.1918 в Выборге. Жена: Айна София Энглунд, род. 13.07.1867.

Аксель Валь (Axel Wahl). Студент. 21 год. Выборг.

Род. 16.05.1896, Выборг. В 1917 году окончил Выборгскую финскую школу. Намеревался стать фермером, и с этой целью он проходил стажировку в усадьбе Ваанила в приходе Лохья. Занимался парусным спортом. Был членом Выборгского парусного клуба и других спортивных организаций. Любил природу. Рождество 1917 года встретил с матерью в Петербурге, но не захотел остаться, а вернулся, чтобы принять участие в боях. Был арестован на улице красногвардейцами и доставлен в полицейское отделение, откуда его перевели в губернскую тюрьму. Похоронен 11.05.1918 в братской могиле в Выборге. Был холост.

Пааво Виитанен (Paavo Viitanen). Кандидат философии. 25 лет. Выборг.

Род. 2.10.1892, Турку. В 1911 году окончил Выборгский классическоий лицей. В 1917 году получил звание бакалавра философии. Был членом социал-демократического студенческого общества, пел в студенческом хоре, был членом певческих организаций, в том числе хора Суомен лаулу. Осенью 1917 года работал преподавателем немецкого и французского языков в общей школе в Нурмесе. В начале 1918 года был журналистом в газете Тюон валласса в г. Хельсинки. Его произведения, в том числе стихи, были опубликованы в газетах и журналах. Был заядлым энтузиастом языка эсперанто. Приехал к своим родителям из Гельсингфорса в первые дни восстания. Скрывался в губернской тюрьме от принудительной отправки в армию. Был похоронен 11.5.1918 в братской могиле в Выборге. Был холост.

9. Похороны

Похороны погибших состоялись в Выборге 11 мая 1918. Мероприятие было организовано Гражданским союзом Карелии. Мероприятие прошло в кафедральном соборе финской лютеранской общины в Выборге.

На первой полосе газеты Карьяла в день похорон были напечатаны некрологи убитых: Пиетинена, Иконена, Пухакка, Тоийкандера, Инкинена, Виитанена, Таллгрена, Леппянена, Стольмана и Маннермаа. В некрологах известных в городе была освещены биографии погибших, их достижения и значимость для общественной жизни города, была выражена благодарность за дело их жизни.

Газета Карьяла, от 12 мая 1918 года, описала похороны так: "Похоронная церемония убитых в губернской тюрьме была впечатляющей. Уже за полчаса до начала церемонии перед собором собралось много людей, ожидающих его открытия."

В церкви проводили в последний путь 20 человек, 18 из которых были похоронены в братской могиле, расположенной в восточной части церковного палисадника. Это были Пюльккянен, Пиетинен, Иконен, Тилли, Тойкандер, Строльман, Йокинен, Кемппи, Альгрен, Маннермаа, Леппянен, Руси, Виитанен, Яяскеляйнен, Пелтола, Валь, Сведлин и Пярнянен. Таллгрен и Пухакка отпеты заочно, как похороненные в другом месте. Некоторые из жертв были уже похоронены, тела некоторых отсутствовали по иным причинам. Это были Миелонен, Лийкка, Лаакконен, Кийски, Инкинен, Паасо, Комонен, Каронен, Похйола и Клинг.

Отпевание убитых началось скорбным маршем в исполнении музыканта Эмиля Сиворина, во время звучания которого двенадцать пасторов встали во главах гробов. Настоятель прихода К. Р. Яухиайнен прочитал похоронную проповедь. Когда были исполнен 446-й церковный псалм, настоятель Яухиайнен, пастор Мустакаллио (младший) и пастор Вегенер прочитали благословение и библейские цитаты. Алтарная служба была совершена викариями Саарнио и Мустакаллио. После этого исполнили 498-й церковный псалм.

К гробам подошли директор банка К. Н. Рантакари и ректор Юрьйё Розендаль. Рантакари произнёс прощальную речь. В своей глубоко пронзительной речи он описал, как люди, к праху которых в эту минуту собрались родственники, чтобы воздать последние почести ушедшим, погибли за прошлое и будущее Финляндии. Своей смертью они примирили ошибки и грехи прошлого, погибнув на благо своего народа. Рантакари продолжил речь такими словами: "Умершие, лежащие в гробах, представляют разные политические партии, разные социальные статусы, характеры и убеждения. Смерть свела их вместе, и в общую могилу их захоронят. Это все, как напоминание нам о том, что мы должны быть едины. Только вместе, мы можем обеспечить будущее Финляндии, ее недавно обретенную независимость." В конце своей речи Рантакари произнес слова ободрения семьям погибших и возложил венок от имени Гражданского союза Карелии и карельского народа.

После речи Рантакари хор Виипурин Лаулувейкот исполнил музыкальное произведение На могиле друга. После этого делегация, состоящая из господ Вегелиуса, Альфтана и Селльгрена, подошли к гробам фабриканта Матти Пиетинена и архитектора Леандера Иконена чтобы возложить венок от Выборгского городского совета. Венок от оставшихся в живых политических заключенных был возложен журналистом В. Суоминеном и барышней Эли-Маргарета Вярнйельм, в то время как инженер Таави Силтанен произнёс прощальные слова. Силтанен сказал, что "хотя умерших перевозили из тюрьмы в тюрьму, и прихвостни красного террора им всегда угрожали, они не отказались от своих убеждений для получения свободы, а наоборот ободряли тех, кто впадал в отчаяние. Если мы будем следовать их примеру, то можем быть спокойны за будущее нашей страны."

После исполнения хором музыкального произведения "Спи спокойно в сердцах..." возложили свои венки друзья по заключению, а господин Садовников произнёс прощальные слова.

Доктор наук Текла Гултин произнесла прощальную речь товарищам по парламентской работе Матти Пиетинену и Леандеру Иконену, возложив венок вместе с депутатами парламента Пуллиненом и Юутилайненом. Венок от выборгских архитекторов Иконену возложил А. Шульман. Кроме этого Иконену был возложен венок Гражданского союза Карелии. После исполнения хором финской лирической песни из эпоса Кантелетар продолжилось возложение венков и произнесены прощальных слов представителями Гражданского Союза Карелии, Выборгской общей школы, Выборгским Союза Строителей, организации студентов Суомалайнен Нуийа, Выборгского студенческого землячества, Финского сельского театра, молодежного общества Южной Карелии Нуорисосеура и других. Под звуки траурного марша гробы были опущены в братскую могилу у кафедрального собора. На могиле продолжилось возложение венков и цветов.

10. Заключение

Оценивая события 27 - 28 апреля, следует исходить из того, что в стране шла кровопролитная гражданская война, в которой обе стороны совершали злодеяния и убийства. Красные в конце апреля явно проигрывали. Ситуация в Выборге в это время была хаотичной и неконтролируемой. Оборона красных рушилась и часть красных командиров бежала на корабле в Петербург. Дисциплина была подорвана, и многие группы красногвардейцев действовали самостоятельно. В город в течение последних дней прибывали их соратники, участвовавшие в боях в других местах. Зверства и казни совершались по обе стороны фронта. 27 апреля Выборг был в осаде. Линия фронта проходила около губернской тюрьмы по обе стороны от залива Папуланлахти. Белые пытались атаковать через залив, но потерпели неудачу. Новая атака готовилась посредством большого артиллерийского обстрела. Район тюрьмы обстреливался как из артиллерийских орудий, так и из пулемётов. В тюрьме находились политические и уголовные заключенные, работники тюрьмы и их родственники, а также несколько спрятавшихся от артиллерийского огня посторонних граждан.

Ялмар Кайпиайнен, несомненно, являлся ключевой фигурой в трагедии, происшедшей в губернской тюрьме. Он пришёл на войну рядовым, не участвовал в рабочем движении. Это был высокий, смуглый, с грубоватым голосом человек, к которому кличка "хулиган" подходила как нельзя лучше. Один из красногвардейцев описывает его следующим образом: "У него всегда была красная французская шляпа на голове. Он умел хорошо петь, у него был удивительный бас, которым он горланил революционные марши. Кайпиайнен был упрям, и у него было много проблем даже со своими соратниками. Если кто-либо ссорился с Кайпиайненом, можно было считать, что его жизнь висела на волоске. И даже свои называли его "разбойник Кайпиайнен".

В начале войны Кайпиайнен сразу приобрел расположение у командующего фронтом красногвардейца Виктора Рипатти. В феврале Рипатти нуждался во фронтовом командире в Тайпалсаари, и он назначил им Кайпиайнена. У Кайпиайнена не было ни образования, ни опыта в руководстве, но во время войны он хорошо исполнял командирские обязанности. После поражения в Савитайпале и Йоутсено Кайпьяйнен счел, что лучше всего уехать в г. Лаппеэнранту, откуда он дал по телефону своим подчиненным указания, касающиеся их действий в Тайпалсаари. Он приказал сжечь деревню, зерно, убить скот так, чтобы "кровь не вытекла" и мясо нельзя уже было использовать. К счастью, не все его команды были выполнены. Бойцы отряда Кайпиайнена бежали из Тайпалсаари на следующую ночь.

В тот же день Кайпиайнен бежал из Лаппеэнранты со своей группой по железной дороге на последнем поезде в Выборг, прибыв туда 24 апреля вечером и разместившись в гостинице Суоми. 26 апреля на собрании в старом замке Кайпиайнен был назначен главой восточного фронта. Первоначально командовать фронтом должен был бы Виктор Рипатти, но он запил и исчез. Таким образом, в этих исключительных обстоятельствах Кайпиайнен получил высокий пост и при желании мог принимать собственные решения. Вряд ли кто-либо из вышестоящих начальников в этой хаотичной ситуации дал бы приказ отправиться в губернскую тюрьму и даже подумал бы в такой ситуации о ней. Думали о другом.

Так почему Кайпиайнен и его группа отправились в губернскую тюрьму? Командование восточным фронтом наверняка заняло бы всё его время, если бы он энергично занимался этим. Однако он сосредоточился на пьянке в гостинице и, по его собственным словам, не принимал участия в боевых действиях. Сам Кайпиайнен показал на допросе, что был в субботу 27 апреля в городе и увидев пожар в направлении губернской тюрьмы, решил отправиться на проверку ситуации. Однако это показание не исключает того, что поездка в тюрьму была запланирована. Его цель состояла в том, чтобы доставить заключенных в безопасное место, поскольку район тюрьмы обстреливался артиллерией со стороны белых.

Это был собственный рассказ Кайпиайнена о причинах похода в губернскую тюрьму. Но это не всё. Пожар был не в здании тюрьмы, и, с другой стороны, добротно построеное здание тюрьмы обеспечивала защиту как заключенных, так и других людей, нашедших там приют. Вторжение в тюрьму и последующие события явно указывают на некий план по освобождению уголовных заключенных и организации беспорядков и хаоса, а также мести политическим заключенным и тюремному персоналу. Вполне возможно, что рассказ о получении просьбы об освобождении является правдой.

Нет никаких "водонепроницаемых" свидетельств, но поведение женщин-заключенных во время убийства начальника тюрьмы Строльмана и вахмистра Альгрена, а также их громкие крики-требования о расстреле политических указывают на их активность во время событий.

Одним из мотивов можно считать желание отомстить как сотрудникам тюрьмы, так и политическим заключенным. Это правда. Как Кайпиайнен так и многие другие виновники убийств сидели ранее в тюрьме. Кайпиайнен не раз бывал как в губернской тюрьме Выборга, так и в тюрьме Какола в Турку, так же как братья Рафаэль и Райнер Киммо и Элиас Корттинен. Писконен освободился из тюрьмы в 1917 году. Ихалайнена освободили из губернской тюрьмы в марте 1918 года. Условия содержания в тюрьмах того времени не заслуживали похвал. Дисциплина была жесткой, еда - плохой. Поведение надзирателей - зачастую жестоким. Соблюдение ежедневного распорядка тщательно контролировалось, и за нарушения серьезно наказывали. Заключенные жили в тюрьмах в условиях, которые вызвали озлобление и недовольство. Губернская тюрьма в Выборге не была исключением. Этот факт не мог не способствовать возникновению негодования и жажде мести. На это указывают, например, расстрелы Строльмана и Альгрена. Начальник тюрьмы был убит как ответственный за положение дел в тюрьме в целом. Начальник в таких иерархичеких заведениях как тюрьма, по мнению заключенных, воплощает собой корень всего зла. Тюремный вахмистр Альгрен был ответственен за тюремный распорядок и поддержание дисциплины, и он был известен как человек жесткой дисциплины. Мотивом убийства Альгрена явно была месть. Еще до убийств в тюрьме Эмиль Ихалайнен искал в городе тюремного пастора Фримана, чтобы его убить. Кроме этого, следует упомянуть о подстрекательской роли женщин-заключенных. Их влияние на подвыпивших бывших заключенных было достаточно велико. Среди убитых были и те, кто просто "попался под руку" и не имел криминального прошлого. Если рассматривать события в губернской тюрьме, то нельзя не обнаружить в ходе событий активной роли тех, кто имел за плечами тюремный опыт.

В затуманенной алкоголем голове Кайпиайнена было осознание того, что развязка близка. Ничего уже нельзя было изменить. Тот факт, что война проиграна и смерть подбирается всё ближе, стал толчком для мысли о мести. События в городе Тампере наверняка были известны и Кайпиайнену. Факт расстрела в Лаппеэнранте его отца Яакко Кайпиайнена вряд ли был известен Ялмару, но про арест отца он знал. Месть была мотивом при убийстве политических заключенных. Политических заключенных содержали не только в губернской тюрьме. В старом замке и шведском лицее содержалось более сотни белых заключенных. С этими местами у людей Кайпиайнена не было личных связей. Естественным образом мысль бывшего заключенного была обращена к губернской - ставшей политической - тюрьме.

Был ли заранее составлен план убийства? На допросе Кайпиайнен показал, что идея отправиться в губернскую тюрьму возникла, когда он увидел пожар и решил придти на помощь. Вряд ли это так. Вероятнее всего, что губернская тюрьма как таковая обсуждались в кругу выпивавших в гостнице. Обсуждение могло быть вызвано полученной из тюрьмы просьбой заключенных. Нет никакой информации о том, кто посещал гостиницу и с кем Кайпиайнен встречался там или в городе. Однако можно предположить, что Кайпиайнен встретил много бывших тюремных знакомых.

Можно также предположить, что красногвардеец Эмиль Ихалайнен принадлежал к этой группе. Он тоже был бывшим заключенным. В Выборг Ихалайнен приехал не позднее 26 апреля. Он был родом из Выборга и жил со своей семьей в районе Тиилирукки и ездил по городу. Известно, что он спрашивал на улице Миконкату адрес пастора Фримана. Фримана он не нашёл, но высказанное заявление о обесцененной человеческой жизни отражает настроение Ихалайнена и может быть связано с желанием отомстить. Возможно также, что Ихалайнен встречался с Кайпиайненом.

Ихалайнен с товарищами пришли в тюрьму утром 27 апреля. Они потребовали, чтобы Маннермаа отдал им оружие, которое будет передано штабному начальству. Маннермаа был вынужден под давлением отдать пять пистолетов. Взамен Ихалайнен обещал принести винтовки. После этого он покинул тюрьму и вернулся туда только на следующий день. Вполне возможно, что утреннее посещение тюрьмы Ихалайненом связано с вечерним приходом в тюрьму Кайпиайнена. Хотели ли они утром обезоружить персонал тюрьмы, чтобы Кайпиайнен мог вечером свободно проникнуть в тюрьму? Согласно протоколу допроса Кайпиайнена, он знал, что произошло в тюрьме утром.

Посещение Ихалайненом тюрьмы было расследовано в судебных инстанциях. В ходе разбирательства двое из пяти судей решили, что оружие было украдено, "чтобы сделать охрану не способной защищаться самим и защищать политических заключенных". Однако нет никаких доказательств того, что эти события как-то связаны, как нет и поддающихся проверке доказательств спланированных действий. Несомненно, что Ихалайнен был на месте убийств как минимум два раза, в субботу утром и в воскресенье в первой половине дня. Он командовал группой, которая взломала тюремные сейфы. Никто из сотрудников не опознал его как бывшего ночью среди красногвардейцев человека. Один из свидетелей показал, что Ихалайнен мог действительно навещать свою семью в ночь убийства. Согласно собственным показаниям, Ихалайнен был в ту ночь дома. По документам Ихалайнен не виновен в убийствах. Тем не менее остаётся невыясненным, какое участие он принял в планировании похода в тюрьму. Вполне возможно, что Ихалайнен являлся подстрекателем, своеобразным "чёртом на плече". Он был одним из оставшихся в живых и, несомненно, много лгал на допросах. Он был приговорен к пожизненному заключению, но 18 марта 1921 года его срок был сокращен до восьми лет лишения свободы. Наказание включало в себя утрату гражданского доверия на 15 лет. Ихалайнен был досрочно освобожден 30 января 1925 года.

Несомненно то, что Кайпиайнену были знакомы помещения тюрьмы. Заключенному в тюрьме не предоставляет трудности познакомиться с местами, работниками, а также узнать, как вооружен персонал. Он мог знать и о том, что не все работники тюрьмы были в восторге от революции. Это было понятно по трудностям, возникшим при выборе комиссара и тюремного совета. Оставшийся за начальника Маннермаа был скорее "белый", чем "красный", но смог и в таких исключительных условиях действовать как добросовестный служащий. Тюремная кирпичная стена была высокой, а ворота крепкими. Маннермаа уже 24 апреля приказал держать ворота тюрьмы запертыми. В этих обстоятельствах тюрьма являлась безопасным местом. Она стала своего рода крепостью, окруженной недоступной стеной. Внутри стены был персонал, вооруженный и опытный. Сотрудники привыкли использовать оружие и сдерживать агрессию. Кроме этого, большинство сотрудников были добросовестными служащими, чье отношение к повстанцам и революции в целом было, по меньшей мере, критичным, особенно когда "на противоположной стороне" были бывшие заключенные. Кроме того, в тюрьме находились гражданские лица и политические заключенные, которые тоже могли оказать сопротивление. Было также известно, что Маннермаа пользовался доверием как своих подчиненных, так и политических заключенных. Предполагалось также, что политические заключенные будут тоже сопротивляться насилию. Зная все это, Кайпиайнен мог догадываться, что доступ в тюрьму может быть затруднен. Можно предполагать, что оружие было забрано Ихалайненом, чтобы не препятствовать проникновению Кайпиайнена в тюрьму. Вполне возможно и то, что сотрудники были способны оказать вооруженное сопротивление. Во время гражданской войны так произошло в центральной тюрьме в городе Турку, где группа красногвардейцев, отступавшая из города, решила освободить заключенных из тюрьмы Какола. Попытка не удалась, потому что тюремные сторожа открыли огонь. В Выборге Кайпиайнен "со товарищи" вошли в тюрьму через задние ворота. О спланированности этой операции свидетельствует и то, что при проверке ворот были обнаружены тротиловые шашки, с помощью которой предполагалось взорвать ворота, в случае, если бы не удалось проникнуть в тюрьму другим образом.

Известно, что после прибытия в Выборг отряд Кайпиайнена уже "оставил войну позади" и сосредоточился на пьянстве. Алкоголя, очевидно, было много. Рассказывают, что Кайпиайнен привез с собой штабные запасы выпивки. Алкоголь был в избытке и его пили в гостинице, но трудно судить, насколько все были пьяны. Согласно доступным документам допроса, Кайпиайнен был в более или менее нормальном виде, хотя и находился в состоянии алкогольного опьянения. Он был угнетён, напряжен и явно пьян, но он сохранял чувство времени и понимал безвыходность ситуации. Кайпиайнен вполне мог составить план. Он знал, что тюрьма закрыта и окружена высокой стеной, и кроме того, персонал был вооружен. Он знал и то, что доступ в губернскую тюрьму, если персонал начнет сопротивляться, будет затруднен. Поэтому какой-то план должен был существовать. Исходя из этого, можно предположить, что визит Ихалайнена имеет отношение к последующим событиям. Было бы проще, если бы у персонала не было оружия.

Понятно, что в кругу знакомых Кайпиайнена, как и везде, шла речь о военной обстановке. Это была, безусловно, главная тема обсуждения. Возможно поэтому и возникла идея об освобождении заключенных из тюрьмы. Можно быть даже уверенным в том, что запросы из тюрьмы приходили в той или иной форме и к Кайпиайнену. Дело в том, что губернская тюрьма работала вполне нормально, поскольку были уголовные заключенные, которых доставляли туда либо красные, либо белые. Не все уголовные заключенные были ещё освобождены, хотя красные и помиловали многих мелких преступников. Как бывший заключенный, Кайпиайнен, вероятно, чувствовал к ним симпатию. С другой стороны, он знал, что в тюрьме находятся политические заключенные, которых он считал врагами. Их жизнь ничего не стоила - Кайпиайнен знал о казнях белых. Если добавить ко всему этому антипатию к тюремному персоналу, можно предположить, что месть была одной из основных причин расправы. Вполне вероятно, что идея и план родились во время разговоров в гостинице. На это решение повлияли просьбы от заключенных, жажда мести как политическим заключенным, так и тюремному персоналу, безнадежность военного положения и представление об участи, которая ожидала красных после того, как белые захватят Выборг.

Идея состояла в том, чтобы освободить уголовных заключенных, отомстить политическим заключенным за всё то, что красные испытали на себе с их стороны, и показать персоналу, кто реальные хозяева жизни. Поскольку было известно, что доступ в тюрьму не так прост, был разработан план захвата оружия. Он включал взрыв тюремных ворот, если бы ворота не были открыты. К счастью для Кайпиайнена, задние ворота были открыты, и группа красногвардейцев проникла в тюрьму так неожиданно, что сотрудники не успели никак отреагировать на вторжение. Винтовки достались красногвардейцам в первые же минуты их прибывания в тюрьме. Цель Кайпиайнена, которая заключалась в убийстве политических заключенных и освобождении уголовников, стала ясна сразу после прибытия. Отделение политических заключенных от всех других и размещение их в общей камере под угрозой расстрела - всё это было, очевидно, запланировано.

Убийство тюремного персонала не было политической местью, поскольку Маннермаа и надзиратели, оставшиеся на своих постах после смены власти и своим решением продолжать работу в соответствии с правилами, установленными новой властью, по сути согласились принять революцию. Поводом для убийства сотрудников была обычная месть, основанная на недоброжелательности. Основой всех убийств и всей этой трагедии была чудовищная атмосфера гражданской войны, с её безумством и зверствами, фронтовой усталостью, стрессом и осознанием безнадежности ситуации, а также безмерным употреблением алкоголя. На основании имеющихся документов, позволяющих оценить ситуацию почти сто лет спустя, можно сделать вывод о том, что идея или, по крайней мере, какой-то план похода в губернскую тюрьму родились у товарищей Кайпиайнена в гостинице Суоми и были реализованы по решению, принятому Кайпиайненом согласно его плану. Он предварялся походом Ихалайнена. В план входило подкрепление группы красногвардейцами из казарм Папула, проникновение в губернскую тюрьму и освобождение уголовных заключенных, а также издевательства над тюремным персоналом.

Приложение

Ход событий

19.01.1918

Стычка на фабрике Пиетинена.

27.01.

Начало гражданской войны. Красный фонарь на башне дома рабочих в г. Гельсингфорс.

28.01.

Совет народных уполномоченных Финляндии начинает работу. Реорганизация тюремного управления.

01.02.

Надзиратель Феликс Ахти назначен главным комиссаром главного тюремного совета.

04.02.

Совет народных уполномоченных Финляндии издаёт декрет о изменениях в администрации тюрем.

Начальников тюрем заменяют комиссары, а тюремные правления становятся тюремными советами.

08.02.

Выборы комиссара и тюремного совета в Выборгской губернской тюрьме. Избранные на эти должности на собрании отказываются от членства в совете.

14.02.

Новое собрание персонала губернской тюрьмы. Письменная угроза и приказ новой власти о незамедлительном выборе комиссара и тюремного совета.

14.02.

Совет народных уполномоченных назначает Ялмара Таммилааксо комиссаром Выборгской губернской тюрьмы. Через некоторое время комиссаром назначают Отто Маннинена.

14.02.

Арест бывшего начальника тюрьмы Строльмана, заместителя начальника Русама и членов старого тюремного правления. Тюрьму возглавляет комиссар и совет. Фактически за слаженную работу тюрьмы отвечают вахмистр Маннермаа и оставшиеся на посту надзиратели.

19.02.

Собрание тюремных надзирателей единогласно избирает кандидатом в комиссары тюрьмы Ярвенпяя.

20.2. - 23.4.

Губернская тюрьма работает в нормальном режиме.

24.4.

Планы белых по освобождению политических заключенных терпят неудачу.

24.4.

В Выборг прибывает красный комиссар Ялмар Кайпиайнен.

26.4.

Ялмар Кайпиайнена избирают командущим восточного фронта Выборга

27.4.1918

7 – 8 часов утра

Эмиль Ихалайнен прибывает в губернскую тюрьму с требованием передать оружие в штаб красных. Маннермаа отдаёт пять пистолетов. Ихалайнен обещает доставить в тюрьму винтовки.

13 - 15 часов дня

Персонал тюрьмы принимает решение о приобретении оружия в городе. Двух сотрудников тюрьмы и одного политзаключенного отправляют в город для приобретения оружия. В три часа дня они возвращаются с винтовками и патронами.

15 часов дня

Ялмар Кайпиайнен покидает гостиницу Суоми. Он заезжает в казармы Папула, где собирает группу красногвардейцев.

16 часов

Пожар в районе тюрьмы.

18 часов

Группа красногвардейцев во главе с Кайпиайненом прибывает в тюрьму. Они попадают на территорию тюрьмы через открытые задние ворота.

18.30

Заключенных собирают в коридоре первого этажа тюрьмы. Кайпиайнен начинает допрос, целью которого - отделение политических заключенных от уголовных. Кайпиайнен убивает Кийски.

18.45

Всех политических заключенных закрывают в общей камере на первом этаже. Кайпиайнен сообщает о расстреле и дает двадцать пять минут на подготовку.

19.00

Красногвардейцы ищут вахмистра Альгрена. Его находят по подсказке женщин-заключенных в цокольном этаже тюрьмы. Альгрена убивают.

19.15

Кайпиайнен подходит к двери общей камеры и приказывает четырём мужчинам выйти в коридор. Пиетинен, Иконен, Таллгрен и Миелонен выходят. Их расстреливают.

19.30

Кайпиайнен снова подходит к двери общей камеры и приказывает выйти следующим пяти. Атака под руководством Силтанена. Кайпиайнен ранен. Силтанену, Яхнукайнену, Пухакка и Кекки удаётся бежать и спрятаться. Во время атаки убивают Инкинена и Валя. Много раненых.

19.30

Кайпиайнен передаёт командование операцией Писконену. Кайпиайнена увозят.

19.30

Новая атака политических заключенных. Погибает Тилли. Кемппи получает ранение. Политические заключенные строят заграждение. Красногвардейцы забрасывают камеру гранатами. Вечером и ночью умирают: Яяскеляйнен, Каронен, Кемппи, Клинг, Комонен, Леппянен, Лийкка, Паасо, Пелтола, Пухакка и Руси. Строльмана и Тойкандера расстреливают поздним вечером в коридоре первого этажа. Убиты: Маннермаа, Йокинен, Лаакконен и Пюлькккянен.

28.4.1918

1 - 3 часа ночи

Стрельба в помещениях тюрьмы стихает.

3 - 4 часа ночи

Стрельба начинается снова и продолжается до шести утра.

5 - 6 часа утра

Отряд Писконена покидает тюрьму.

<u>6.30</u>

Оставшиеся в живых заключенные сдаются. Тяжелораненного Пярнянена расстреливают. Убит: Виитанен. Спрятавшихся ранее Силтанена и Кекки находят. Оставшихся в живых помещают в камеры женского отделения.

7.00

Посторонних граждан, укрывавшихся в цокольном этаже тюрьмы переводят в народную школу в районе Папула.

7.30

Ихалайнен прибывает в тюрьму. После допроса политических заключённых ведут в центральные казармы, где отпускают.

29.4.

Белые освобождают Выборг.

30.4.

Начинается расследование.

1.5.

Первые расстрелы виновных в убийствах.

11.5.

Похороны убитых.

15.5.

Конец гражданской войны.

Источники и использованная литература

Antikainen, Marjo-Riitta. 2003. Sääty, sukupuoli, uskonto, Mathilda Wrede ja yhteiskunnan muutos 1883- 1913. Helsinki. Suomalaisen kirjallisuuden seura. Helsinki. Hakapaino.

Avain asemassa. 1995.Vankilavirkalijain Liiton vaiheita vuosilta 1895-1995. Juhlajulkaisu.

Lappeenranta. Lappeenrannan kirjapaino Oy.

Boström, H J 1927: Sankarien muisto. Suomen itsenäisyyden ja vapauden puolesta henkensä antaneiden kansalaisten elämänkertoja. Helsinki. Kustannus Oy Kirja.

Castren, Kaarlo. 1926. Punaisten hirmutyöt vapaussodan aikana. Sitä varten, että totuus ei unohtuisi. Helsinki. Kustannus Oy Kirja.

Eerola, Jari & Eerola, Jouni 1998: Henkilötappiot Suomen sisällissodassa 1918. Turenki. Jaarli. Grotenfelt, A & Ehrström, G 1866: Undernådig berättelse om tillståndet i finlands fängelser jemte förslag till provisionell reform af detsamma. Helsingfors. Kaiserliga Senatens tryckeri.

Karila, Karl: Muistelmat. Suomen Vapaussodan itsenäisyysarkisto. KA.

Keskisarja, Teemu 2013: Viipuri 1918. Helsinki. Kustannusosakeyhtiö Siltala.

Kettunen, Kyösti 1992: Tiilenpuremat. Vankeinhoidon perinne- ja kaskukirja. Oikeusministeriön vankeinhoito-osaston Julkaisuja 2/1992. Helsinki. Valtion painatuskeskus.

Komiteamietintö 1873

Vankeinhoitohallituksen vuosikertomukset 1917 – 1919.KA

Viipurin lääninvankilan vuosikertomukset 1917 – 1919. KA

Marttinen, Seppo 2006: Viipurin lääninvankilan historia. Vankeinhoidon koulutuskeskus.Acta Poenologica 2/2006

Marttinen, Seppo 2015: Suomen vankilat 1918. Vankiloiden toiminta v. 1918 sisällissodanaikana. Rikosseuraamusalan koulutuskeskus. Acta Poenologica 1/2015 Nurmio, Heikki 1919: Viipurin valloitus. Helsinki. Ahjo.

Paavolainen, Jakko. 1967. Poliittiset väkivaltaisuudet Suomessa 1918. Punainen terrori. Helsinki.

Tammi.

Pyykkö, Pentti. Punainen viima. Punaisten väkivalta 1917 – 1918.

Raekallio, Ilmari 1928: Wiipurin linna; sen vaiheet ja nähtävyydet. Suomen matkailijayhdistys Viipurin osasto.Näköispainos Jyväskylä 1993. Gummerus.

Rinta-Tassi, Osmo. 1986. Punaisen Suomen historia 1918. Kansanvaltuuskunta punaisen Suomen hallituksena. Helsinki. Valtion painatuskeskus.

Ruuth, J.W 1931 Viipurin kaupungin historia osa 1. Lappeenranta. Etelä-Saimaan kustannus.

Sotasurmat 1914 -1922. KA.

Suomen kansanedustajat 1907 – 2000. 2000. Eduskunnan matrikkelitoimikunta. Eduskunta.

Suomen Suurruhtinaanmaan asetuskokoelma. KA

Suomen vankeinhoidon historiaa osa 2. Toim.Jussi Nuorteva 1989: Suomen vankeinhoidon matrikkeli 1881- 1988. Oikeusministeriön vankeinhoito-osasto, Helsinki

Taipalsaaren 1918 sodan historiikkityöryhmä 2006. Taipalsaari 1918. Imatran kirjapaino.

Tikka, Marko & Arponen, Antti 1999: Koston kevät. Lappeenrannan teloitukset 1918. Helsinki.

WSOY.

Turun Keskusvankilan arkisto, henkilöaktit. TMA

Valtiorikosoikeuksien (VRO) aktit. KA

Valtiorikosylioikeuden (VRYO) aktit. KA

Valtiorikosoikeuksien syyttäjistön arkisto. KA

Valtiollisen poliisin (Ek/Valpo, Valpo) arkisto . KA

Vanhala, Otto: Muistelmat. Suomen Vapaussodan itsenäisyysarkisto. KA.

Viipurin kirja. 1958. Muistojulkaisu. Torkkelin säätiö, Pieksämäki. Sisälähetysseuran Raamattutalon kirjapaino.

Virtanen, Veikko 1944. Suomen vankeinhoito 1 osa. 1808- 1862. Helsinki. Suomalaisen kirjallisuuden seuran kirjapaino.

Wärnhjelm, Eli- Margareta 1918. I väntan på friheten. Helsingfors. Schildt.

Архивы и библиотеки

EteläKarjalan museo

Hämeenlinnan maakunta-arkisto

Kansallisarkisto

Kansalliskirjasto

Kriminologinen kirjasto

Turun maakunta-arkisto

Периодические издания

Karjala

Vankeinhoito

Wibogsbladet

Wiipuri

Östra Nyland

Фотографии

Etelä-Karjalan museo

Juha Lankisen kokoelma

Marttinen Seppo

Museovirasto